Hesse/Schrader

Der IQ-Test

Wie intelligent sind Sie wirklich?

Eichborn.

Die Autoren

Jürgen Hesse, Jahrgang 1951, ist Diplompsychologe im *Büro für Berufsstrategie* und Geschäftsführer der Telefonseelsorge Berlin.
Hans Christian Schrader, Jahrgang 1952, ist Diplompsychologe am Krankenhaus am Urban in Berlin.

Anschrift der Autoren
Büro für Berufsstrategie
Hesse/Schrader
Oranienburger Straße 4–5
10178 Berlin
Tel. 0 30 / 8 51 92 06
Fax 0 30 / 8 51 92 61
www.berufsstrategie.de

Lektorat: Gunther Weinell
Umschlaggestaltung: Christiane Hahn
Innengestaltung: Oliver Schmitt, Mainz
Druck und Bindung: Clausen & Bosse, Leck
ISBN 3-8218-3815-9

Verlagsverzeichnis schickt gern:
Eichborn Verlag, Kaiserstraße 66, D-60329 Frankfurt/Main
www.eichborn.de

Inhalt

Das erwartet Sie

Das Gemeinsame von Apfelsine und Apfel ist Obst.
Klar!

1 | Was aber ist das Gemeinsame von Elefant und Veilchen?

2 | Und was das Gemeinsame von Alkohol und Holz?

Oder:

3 | Wenn 3 Tage vor gestern Mittwoch war, welcher Tag wird morgen sein?

Aber auch das:

4 | Wenn alle Krokodile beißen und fliegen können und alle Riesen, die stottern, Krokodile sind, können stotternde Riesen dann auch fliegen?

a | ja
b | nein

5 | Und sind Riesen dann grün?

a | ja
b | nein

Nur *eine* Lösung soll jeweils richtig sein!

6| Was ist das wichtigste am Fernseher?

a| die Bildröhre
b| die Antenne
c| der Kontrastregler
d| der Abstellknopf

7| Beim Autofahren benötigt man vor allem ...

a| Geschick
b| Ausdauer
c| Vorsicht
d| Aufmerksamkeit

8| Im Umgang mit Menschen sollte man vor allem ... sein.

a| aufgeschlossen
b| vorsichtig
c| gewandt
d| zurückhaltend

Lösungen:

1. Lebewesen / 2. beides brennt, Kohlenstoff / 3. Montag / 4. a / 5. b (fliegen ja – aber wer sagt, dass Krokodile überhaupt grün sind?) / 6. a / 7. d / 8. c (Hinweis: Die Originalfragen 6–8 aus klassischen, häufig eingesetzten Tests zeigen, dass man IQ-Tests gegenüber durchaus eine kritische Haltung einnehmen sollte.)

Aufbau und Prüfung der allgemeinen Intelligenz

Zweifelsohne: Intelligenz ist nützlich. Es bleibt nur noch zu klären, was denn eigentlich Intelligenz ist. Und da gehen die wissenschaftlichen Theorien der bekanntesten Intelligenzforscher ziemlich weit auseinander. Einigkeit besteht jedoch in einem Punkt: Es gibt so etwas wie »intelligentes Verhalten«. Festgemacht wird es vor allem an der Art, wie jemand Probleme löst. Darunter versteht man den Schweregrad des Problems, das zu »knacken« ist, die Schnelligkeit und Konzentration, mit der das geschieht, sowie die Kreativität, die dabei sichtbar wird.

Wir haben Ihnen hier 200 Intelligenztest-Aufgaben aus den neuesten, wichtigsten und am häufigsten eingesetzten IQ-Testverfahren zusammengestellt. Sie benötigen nur etwa zwei Stunden Zeit für die Bearbeitung, ein bisschen Ruhe sowie Papier und Bleistift. Wenn Sie diese Aufgaben zu einem großen Teil erfolgreich und in der vorgegebenen Bearbeitungszeit lösen, zeigen Sie damit »intelligentes Problemlösungsverhalten«. Ihr Ergebnis können Sie anhand unserer Testauswertung mit den Leistungen anderer vergleichen.

Auch wenn diese Aufgabenauswahl nicht alle Aspekte »intelligenten Verhaltens« – wie zum Beispiel soziale Intelligenz oder Kompetenz – überprüft, ist die hier präsentierte papierene Form mit ihren individuellen Bearbeitungsmöglichkeiten fundierter und aussagestärker als alle IQ-Shows im Fernsehen, die eher Quiz-Charakter haben und vielleicht unterhaltsam sind, jedoch den Anforderungen an Intelligenztests in keiner Weise genügen. Das kann das Medium Fernsehen in dieser Form auch gar nicht leisten, denn dazu ist die Materie viel zu kompliziert. Und der Bildschirm bietet nicht den Rahmen, um Aufgaben angemessen zu bearbeiten. Es geht dort viel mehr um Show und Unterhaltung als um die Potenzialanalyse Ihrer »grauen Zellen«.

Also: Nicht überall, wo IQ draufsteht, ist Intelligenz auch mit im Spiel oder wird intelligentes Verhalten wirklich abgeprüft. Während unserer über zehnjährigen Tätigkeit im *Büro für Berufsstrategie* haben wir unzählige Bewerberinnen und Bewerber gezielt auf Einstellungstests vorbereitet und seit Mitte der Achtzigerjahre mehrere Bücher zu Formen des Test- und Gedächtnistrainings veröffentlicht. Profitieren Sie in diesem Buch von der Praxisnähe der aufgelisteten Fragen und Aufgaben und testen Sie ganz unverbindlich Ihre Intelligenz.

Im Test:
- logisches Denken
- Konzentrationsfähigkeit
- praktisch-technische Intelligenz

anhand von:
- verbalen Aufgabentypen
- numerischen Aufgabentypen
- figural-bildhaften Aufgabentypen

darunter fallen Aufgaben zu:
- Logik und Abstraktionsfähigkeit
- Rechenfähigkeit und mathematischem Denken
- technischem Verständnis
- räumlichem Vorstellungsvermögen
- Merkfähigkeit
- Kreativität

folgende vier Operationen überprüfend:
- Verarbeitungskapazität (komplexe Problemlösungs-Aufgaben)
- Bearbeitungsgeschwindigkeit (Leistungs-Konzentrations-Aufgaben)
- Merkfähigkeit (Gedächtnisüberprüfungs-Aufgaben)
- Einfallsreichtum (Kreativitäts-Aufgaben)

Das Lösungsverzeichnis und die Testauswertung finden Sie ab Seite 86.

Teststrecke mit 200 Aufgaben

Wochentage

Mit den Wochentagen kennen Sie sich aus. Ihre Aufgabe ist es jetzt, auf Grundlage einer vorgegebenen Information den logisch richtigen Wochentag herauszufinden.

1. Beispiel: Heute ist Montag. Welcher Tag ist 3 Tage nach gestern?

Lösung: Mittwoch

Erklärung: Wenn heute Montag ist, war demzufolge gestern Sonntag. 3 Tage dazugerechnet ergibt Mittwoch.

2. Beispiel: Vorgestern war 3 Tage vor Mittwoch. Welchen Tag haben wir übermorgen?

Lösung: Donnerstag

Erklärung: Wenn 3 Tage vor Mittwoch (Dienstag, Montag, Sonntag zurückgezählt) vorgestern war, ist heute Dienstag und übermorgen Donnerstag.

Für die folgenden Aufgaben haben Sie 3 Minuten Bearbeitungszeit. Bitte blättern Sie jetzt um.

1| Übermorgen ist der dritte Tag nach Montag.
Welcher Tag war vorgestern?

2| Morgen sind es noch 4 Tage bis Sonntag.
Welcher Tag ist übermorgen?

3| Welcher Tag war vorgestern, wenn der Tag nach übermorgen
2 Tage vor Samstag liegt?

4| Gestern waren bis Sonntag noch 5 Tage.
Welcher Tag ist morgen?

5| Vorgestern waren es noch 3 Tage vor Dienstag.
Welchen Tag haben wir einen Tag nach übermorgen?

Ergänzen

Sie sehen ein Rechteck mit 8 Figuren. Welcher der vorgegebenen 9 Lösungsvorschläge (rechts, a–i) passt als einziger in das freie neunte Feld?

Beispiel:

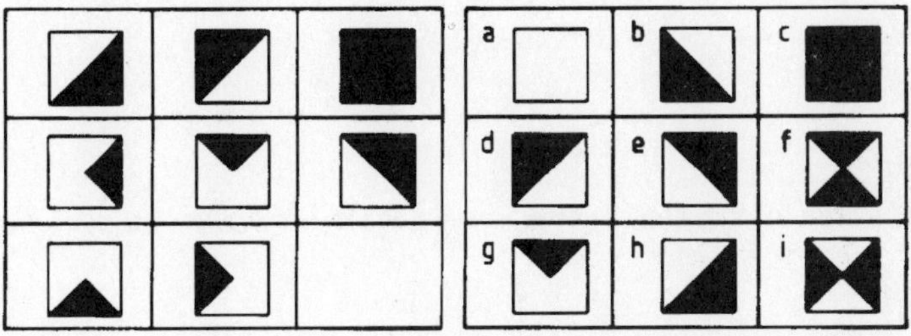

Lösung: b

Erklärung: Die schwarze Fläche der ersten Figur addiert mit der schwarzen Fläche der zweiten Figur ergibt, sozusagen als Summe, die dritte Figur. Dieses Prinzip gilt sowohl in vertikaler wie in horizontaler Richtung – ein wichtiger Hinweis für die generelle Bearbeitung dieses Aufgabentyps.

Für die folgenden Aufgaben haben Sie 3 Minuten Bearbeitungszeit. Bitte blättern Sie jetzt um.

1|

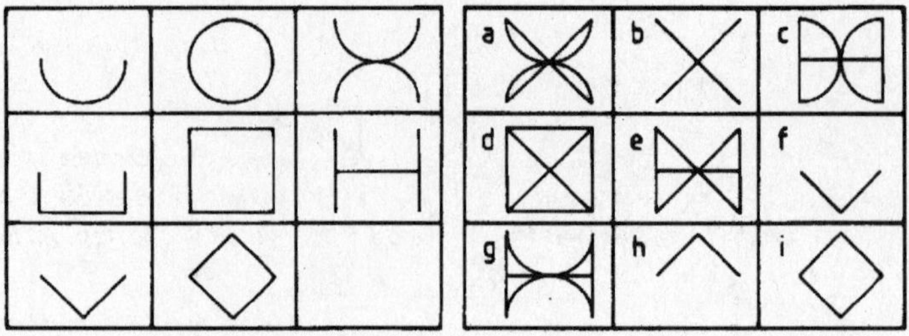

2|

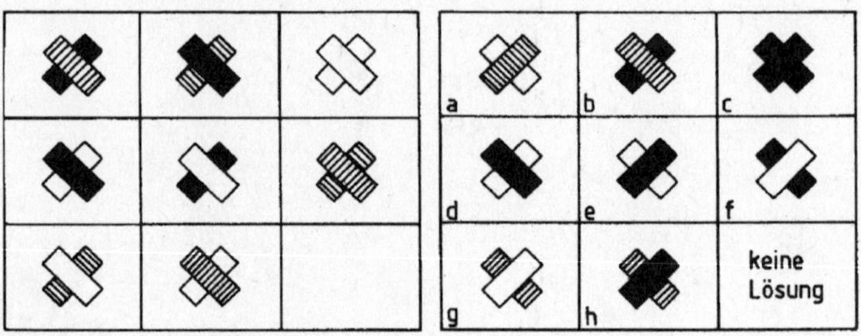

3|

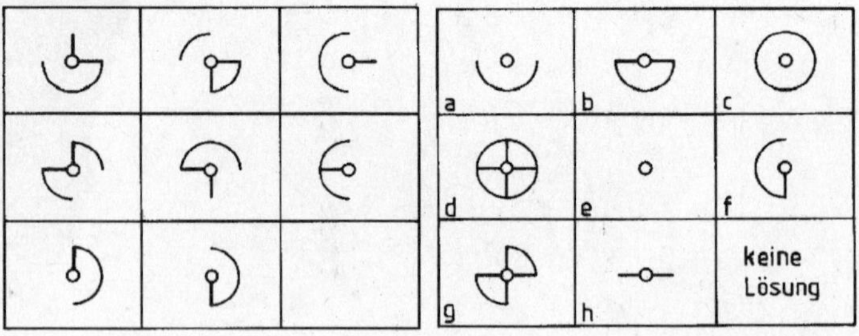

Zahlengedächtnis

Sie sind am verzweifeln – die wichtige Telefonnummer wird nur einmal angesagt, und Ihr Zahlengedächtnis streikt.

Mit dem nun folgenden Zahlen-Aufgabenblock helfen wir üben: Es geht dabei um Ihre Konzentrations- und Gedächtnisleistung. Finden Sie Ihre Stärken und Schwächen heraus. Und vielleicht sind Sie ja besser, als Sie glauben ...

Prägen Sie sich innerhalb 1 Minute die folgenden 7 zweistelligen Zahlen ein:

29 36 58 98 10 44 32

Bitte blättern Sie erst nach Ablauf der 1 Minute um.

Markieren Sie unten überall die 7 Zahlen, die Sie sich zuvor eingeprägt haben. Diese Zahlen können übrigens des Öfteren vorkommen. Sie haben 2 Minuten Zeit.

58	24	79	33	44	17	28	82	34	12	23
43	65	13	56	14	52	65	78	56	21	76
10	34	21	54	52	37	23	11	98	60	56
68	11	12	15	90	80	81	93	25	61	29
46	37	24	33	71	36	29	93	34	77	63
43	10	48	99	22	48	54	45	23	86	45
54	23	88	12	23	43	21	67	87	97	55
68	32	22	43	11	48	99	44	99	32	45
36	56	11	22	34	45	35	99	12	97	55
68	32	29	72	23	36	12	32	56	45	99
43	33	19	93	34	31	26	67	63	97	34
32	58	87	33	47	22	11	27	98	39	33
38	49	82	99	43	11	48	99	20	81	93
25	61	29	46	37	24	99	71	44	30	28

Faktengedächtnis I

Für das Lesen und Einprägen der folgenden Kurzgeschichte haben Sie 1 Minute Zeit. Später werden Sie nach dem Sachverhalt gefragt.

»Tanzstunde«

Der 16-jährige Olaf Zimbo wurde gegen seinen erklärten Willen im Frühjahr zur Tanzstunde angemeldet. Seine Eltern, Maria und Hans Zimbo, hatten sich vor 42 Jahren in ihrer ersten Tanzstunde kurz vor der Weihnachtszeit kennen gelernt. Ein Jahr später verlobten sie sich unter dem Weihnachtsbaum und heirateten zwei Jahre später im Frühling.

Damals, bei ihrer ersten Tanzstunde, waren sie beide nur ein Jahr älter, als ihr Sohn jetzt alt ist. Ihr Sohn wurde erst sehr spät, nach 10 Ehejahren, geboren. Noch heute haben sie Kontakt zu einigen der Teilnehmer aus ihrem Tanzkurs, und immer noch gehen sie gemeinsam auf größere Bälle. Am leidenschaftlichsten tanzen sie Tango.

Ob dieses Hobby der Eltern auch auf den Sohn übergehen wird, bleibt fraglich.

Bitte blättern Sie erst nach Ablauf der 1 Minute um.

»Tanzstunde«

Schreiben Sie jeweils die richtige Antwort auf.
Dafür haben Sie insgesamt 1 Minute Zeit.

1 | Welchen Tanz bevorzugt das Ehepaar Zimbo?

Tango

2 | Wie heißt der Sohn?

Olaf Zimbo

3 | Wann genau verlobten sich die Eltern?

zu Weihnachten 1 Jahr nach erster Tanz nach 42 Jahr

4 | Wie lange waren sie verlobt?

2 Jahr

Zugehörigkeit

Sie sehen 6 Bilder, die die Gruppe A bilden (links), und 6 Bilder, die die Gruppe B bilden. Ordnen Sie die Auswahlbilder 1–4 der jeweils richtigen Bildgruppe A oder B zu.

Beispiel: Welches der 4 Auswahlbilder gehört zur Gruppe A, welches zur Gruppe B?

Gruppe A *Gruppe B*

Auswahlbilder

1| 2| 3| 4|

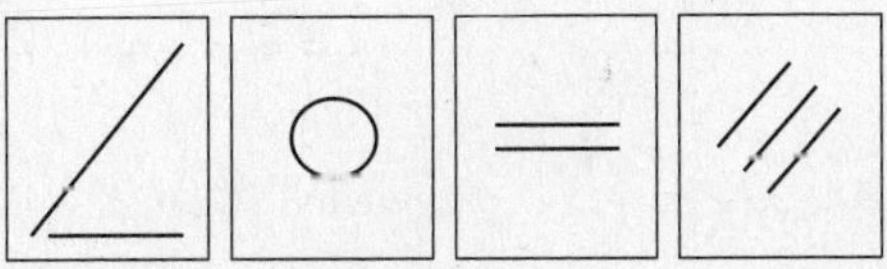

Lösung: 1 zu B, 2 zu A, 3 zu B, 4 zu B

Erklärung: In Gruppe A gibt es immer nur eine Linie, in Gruppe B zwei Linien oder mehr.

Für die folgenden Aufgaben haben Sie 2 Minuten Bearbeitungszeit. Bitte blättern Sie jetzt um.

1|

Gruppe A

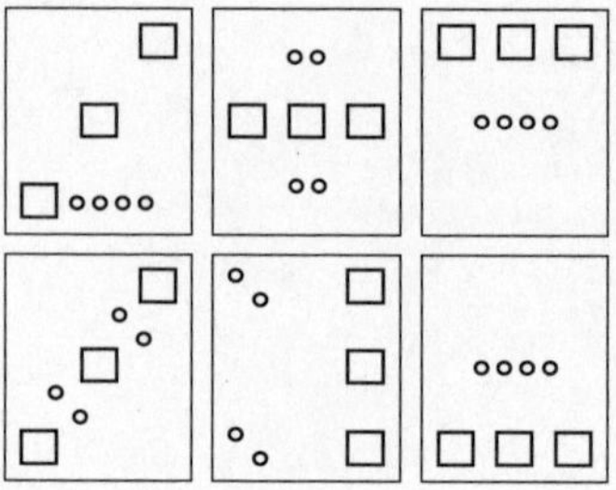

Gruppe B

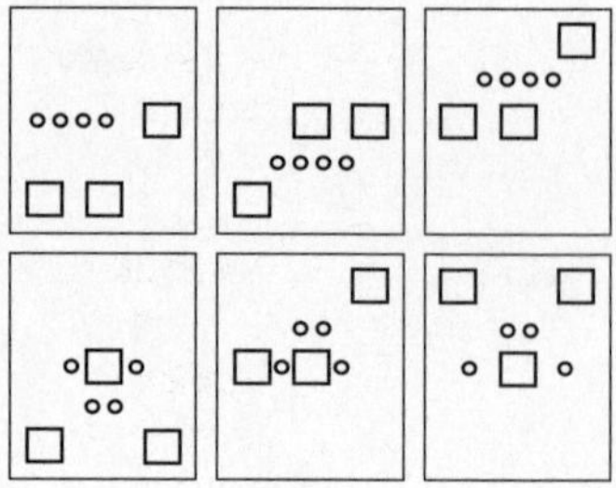

Auswahlbilder

1| 2| 3| 4|

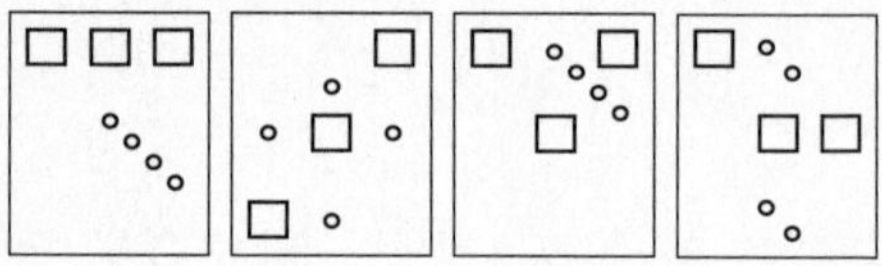

2|

Gruppe A

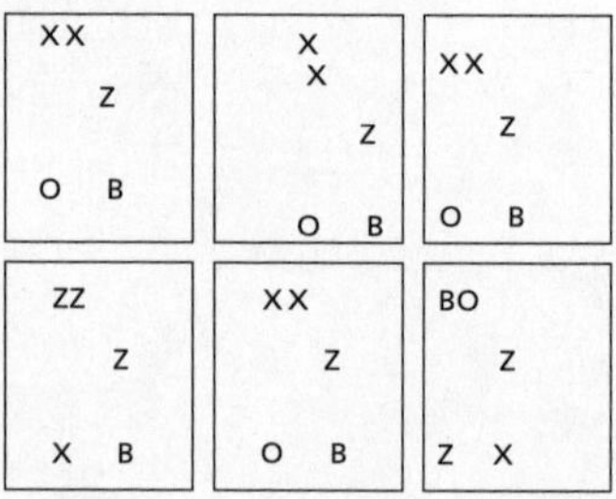

Gruppe B

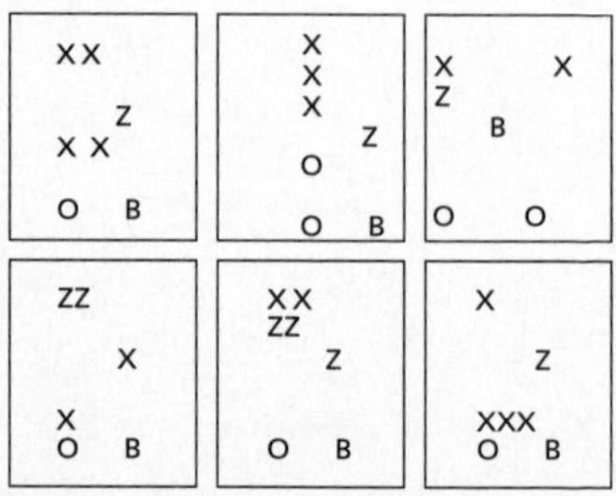

Auswahlbilder

1| 2| 3| 4|

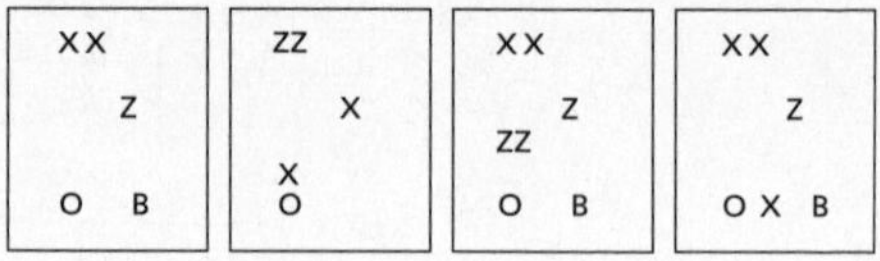

Verhältnisse I

Wählen Sie das Wort aus, das ein fehlendes Element in einer Wortgleichung sinnvoll ergänzt.

Beispiel: *Dach* verhält sich zu *Keller* wie *Decke* zu ...?

a | *Teppich*
b | *Leuchter*
c | *Wand*
d | *Boden*

Lösung: d

Erklärung: Dach verhält sich zu Keller wie Decke zu Boden.

Für die folgenden Aufgaben haben Sie 2 Minuten Bearbeitungszeit. Bitte blättern Sie jetzt um.

1| Auto / Räder = Flugzeug / ???

a| Motor	b| fliegen	c| Tragflächen
d| Pilot	e| Düsen	f| Kerosin

2| Muster / Entwurf = Maschine / ???

a| Antrieb	b| kaputt	c| Räder
d| Arbeit	e| Konstruktion	f| Kraft

3| Wind / Sturm = rinnen / ???

a| strömen	b| tröpfeln	c| einsickern
d| brausen	e| duschen	f| fließen

4| Zunge / sauer = Nase / ???

a| salzig	b| brenzlig	c| kosten
d| riechen	e| Ohr	f| Auge

5| Schiff / Sirene = Auto / ???

a| Stoßstange	b| Reifen	c| Rücklicht
d| Bremse	e| Warndreieck	f| Wagenheber

6| chronisch / akut = dauerhaft / ???

a| ständig	b| öfter	c| zeitweilig
d| langwierig	e| schnell	f| langsam

Verhältnisse II

Bei den folgenden Wortgleichungen fehlt jeweils das Anfangs- und Endwort. Die Sätze sind so zu ergänzen, dass sie einen Sinn erhalten.

Beispiel: ... ? ... verhält sich zu Blindheit wie Ohr zu ... ? ...

a | Auge	1 | hören
b | Sehfähigkeit	2 | Gehör
c | Brille	3 | Taubheit
d | Blindenhund	4 | Schwerhörigkeit

Lösung: a 3

Erklärung: Auge verhält sich zu Blindheit wie Ohr zu Taubheit.

Für die folgenden Aufgaben haben Sie 2 Minuten Bearbeitungszeit. Bitte blättern Sie jetzt um.

1| … ? … verhält sich zu niemand wie alles zu … ? …

a| manche	1| mehr
b| jeder	2| immer
c| viele	3| nichts
d| einige	4| nie

2| … ? … verhält sich zu Kreis wie Würfel zu … ? …

a| Kegel	1| Quadrat
b| rund	2| sechs
c| Kugel	3| Rechteck
d| Kuppel	4| Rhombus

3| … ? … verhält sich zu Herz wie Takt zu … ? …

a| Pumpe	1| Dirigent
b| Pulsschlag	2| Komposition
c| Gesundheit	3| Musik
d| Leben	4| Musiker

4| … ? … verhält sich zu Krankheit wie Schweiß zu … ? …

a| Arzt	1| Erfolg
b| Tablette	2| Anstrengung
c| Fieber	3| Lob
d| Thermometer	4| Chef

5| … ? … verhält sich zu Erosion wie Alter zu … ? …

a| Chemie	1| Jugend
b| Wasser	2| Kindheit
c| Müll	3| Falten
d| Boden	4| Lebenszeit

Verhältnisse III

Bei den vorigen Aufgaben ging es darum, bestimmte Begriffe auf rein sprachlicher Ebene miteinander in Bezug zu setzen. Jetzt ist die gleiche Aufgabenstellung auf grafischer Ebene zu bewältigen.

Beispiel:

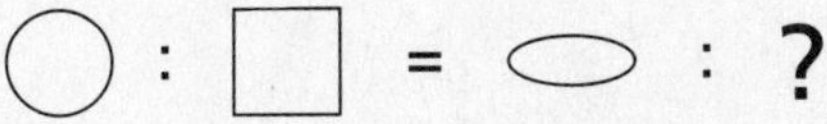

Lösungsvorschläge:

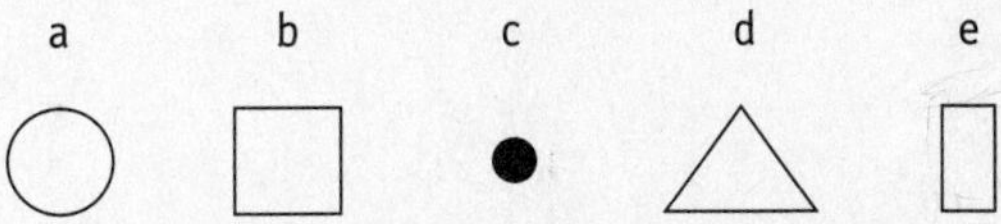

Lösung: e

Erklärung: Der Kreis verhält sich zum Quadrat wie die Ellipse zum Rechteck.

Für die folgenden Aufgaben haben Sie 2 Minuten Bearbeitungszeit. Bitte blättern Sie jetzt um.

a b c d e

1| 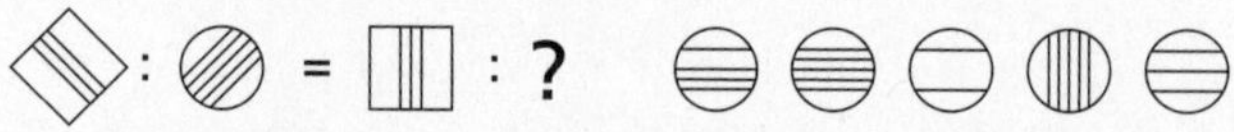

2| 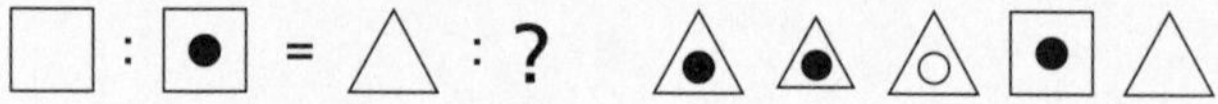

3| 

4| 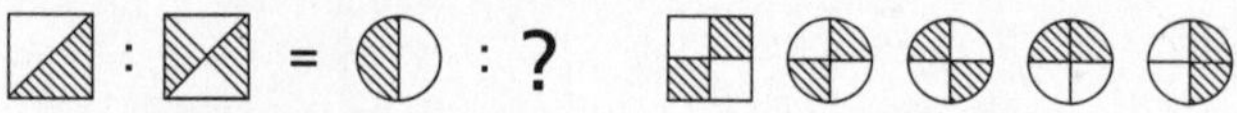

5| 

6| 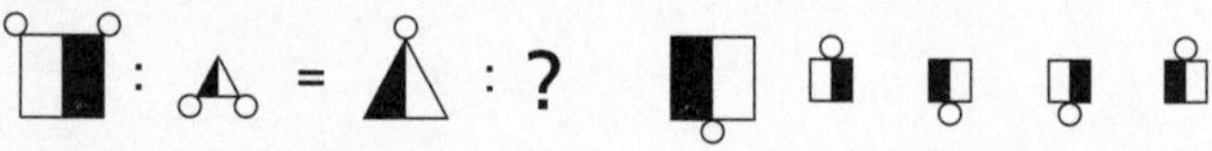

7| 

8| 

Faktengedächtnis II

Für das Lesen und Einprägen der folgenden Kurzgeschichte haben Sie auch jetzt nur 1 Minute Zeit. Später werden Sie nach dem Sachverhalt gefragt.

»Krankenhaus«

Am Montagmorgen gegen 10 Uhr konnte die Patientin Sabine Schulz aus Zimmer 13 endlich entlassen werden. Ihr Bett wurde auch schon dringend gebraucht, der neue Patient (Hans Habermas, 47 Jahre, verheiratet, 2 Kinder) wartete schon seit 8 Uhr früh. Er war weit gereist, um sich hier in diesem Krankenhaus, der Robert-Koch-Klinik, von Prof. Dr. Max Genschow, einem ausgewiesenen Spezialisten, operieren zu lassen.

Nach der Blinddarm-OP vor 10 Tagen hat sich die heute entlassene Patientin nur sehr langsam erholt. Eigentlich gab es dafür keinen wirklich nachvollziehbaren Grund. Die Ärzte standen vor einem Rätsel, als sie 3 Tage nach der OP plötzlich hohes Fieber bekam. Mit einer besonderen Infusion gelang es den Ärzten, das Fieber endlich nach 5 Tagen zu senken.

Der neue Patient wird an der Schilddrüse operiert. Keine leichte OP nach Einschätzung der Chirurgen. Zum OP-Team gehört deshalb neben dem Professor noch ein weiterer Spezialist, Dr. Hermann Sudkopf. Dieser ist seit 10 Jahren der Oberarzt der chirurgischen Station.

Bitte blättern Sie erst nach Ablauf der 1 Minute um.

Schreiben Sie die Antworten zu den folgenden Fragen auf.
Dafür haben Sie insgesamt 2 Minuten Zeit.

1| Wie lautet der Name der Klinik?

____

2| In welchem Zimmer lag die Patientin Sabine Schulz?

____

3| Welche Komplikation trat bei ihr nach der OP auf?

____

4| Wann trat die Komplikation auf?

____

5| Welche OP ist für den neuen Patienten angesetzt?

____

6| Wie heißen die beiden Spezialisten, die Hans Habermas operieren werden?

____

Sprichwörter

Hier geht es darum, Sprichwörter mit ähnlicher Bedeutung zu erkennen.

Beispiel: Wie man sich bettet, so liegt man.

a | Nach dem Essen soll man ruh'n oder tausend Schritte tun.
b | Wer rastet, der rostet.
c | In den Eimer geht nicht mehr, als er fassen kann.
d | Wie in den Wald hineingerufen wird, so schallt es heraus.

Lösung: d

Erklärung: Mit Sprichwort d wird eine ähnliche Botschaft vermittelt.

Für die folgenden Aufgaben haben Sie 2 Minuten Bearbeitungszeit. Bitte blättern Sie jetzt um.

1| Hochmut kommt vor dem Fall.

a| Wer sich selbst erhöht, der soll erniedrigt werden.
b| Wer über sich haut, dem fallen bald Späne in die Augen.
c| Wer bereuen kann, der hat seinen Hochmut eingebüßt.
d| Wer im Glashaus sitzt, soll nicht mit Steinen werfen.

2| Kleinvieh macht auch Mist.

a| Kommt Zeit, kommt Rat.
b| Wer A sagt, muss auch B sagen.
c| Steter Tropfen höhlt den Stein.
d| Rom ist nicht an einem Tag erbaut worden.

3| Was ein Häkchen werden will, krümmt sich beizeiten.

a| Altes Holz brennt am besten.
b| Es ist noch kein Meister vom Himmel gefallen.
c| Was Hänschen nicht lernt, lernt Hans nimmermehr.
d| Gut Ding braucht Weile.

4| Ohne Fleiß kein Preis.

a| Es ist nicht alle Tage Sonntag.
b| Wer Heu machen will, wartet, bis die Sonne scheint.
c| Wie man den Acker bestellt, so trägt er.
d| Man lebt nicht immer im Schlaraffenland.

5| Wer zuletzt lacht, lacht am besten.

a| Unverhofft kommt oft.
b| Glück und Glas, wie schnell zerbricht das.
c| Ende gut, alles gut.
d| Gut Ding braucht Weile.

6| Hast du nicht Pfeile im Köcher, so mische dich nicht unter die Schützen.

a| Wie man in den Wald hineinruft, so schallt es heraus.
b| Mancher schießt ins Blaue und trifft ins Schwarze.
c| Auge um Auge, Zahn um Zahn.
d| Wer einen kleinen Mund hat, erstickt sehr leicht an großen Bissen.

7| Jung gewohnt, alt getan.

a| Wie die Saat, so die Ernte.
b| Es ist noch kein Meister vom Himmel gefallen.
c| Es muss der Junge lernen, was der Alte können will.
d| Wie die Alten sungen, so zwitschern jetzt die Jungen.

8| Geteiltes Leid ist halbes Leid.

a| Ein Unglück kommt selten allein.
b| Schaden macht klug.
c| Wer nicht hören will, muss fühlen.
d| Wer im Schaden schwimmt, hat gern, dass andere mit ihm baden.

Rechnen

Für die folgenden Textaufgaben haben Sie 4 Minuten Bearbeitungszeit.

1| Zwei Brüder, die sich in ihrem Alter um lediglich 7 Jahre unterscheiden, sind zusammen 39 Jahre alt. Wie alt ist der jüngere Bruder?

____

2| Zwei Radfahrer begegnen sich um 11 Uhr. Einer kommt aus dem Norden, der andere aus dem Süden, beide fahren in die Richtung, aus der der jeweils andere kommt. Wie viele Kilometer sind sie um 12.20 Uhr voneinander entfernt, wenn der eine 7,5 km und der andere 12 km in der Stunde fährt?

____

3| Eine Beute von 576 Talern soll im Verhältnis von 4:5 auf zwei Raubritter verteilt werden. Wie viele Taler bekommt der Ritter, der die kleinere Beute erhält?

____

Sätze bilden

Bilden Sie mit den vorgegebenen Wörtern so viele neue Sätze wie möglich. Wichtig ist: Alle vorgegebenen Wörter müssen unverändert im Satz vorkommen, Anzahl und Fall müssen so bleiben. Die Reihenfolge spielt dabei keine Rolle.

Beispiel: Die vorgegebenen Wörter sind:

Sonnenschein – Eis – heiß

Lösung: Mögliche, daraus zu bildende Sätze sind beispielsweise:

- Selbst bei Sonnenschein wird dem Eis nicht heiß.
- Ist der Sonnenschein heiß genug, schmilzt auch das dickste Eis.
- Ohne Eis wird es bei Sonnenschein sehr heiß.

Nun sind Sie dran mit den auf der nächsten Seite folgenden Wortvorgaben. Bitte blättern Sie jetzt um.

Bilden Sie mit den folgenden vier Begriffen so viele Sätze wie möglich.
Sie haben 1 Minute Zeit.

Maus – Hund – Katze – Haus

Wenn die Maus rennt ins
Haus kommt die Katz und
der und mit Klacks.

Wenn die Maus ins Haus
rennt kommt die Katze
und der Hund mit Klacks

Unmöglichkeiten

Es werden Behauptungen aufgestellt. Davon ist entweder nur eine falsch und alle anderen sind richtig, oder nur eine ist richtig und alle anderen sind falsch. Ihre Aufgabe ist es, die eine richtige oder die eine falsche Behauptung herauszufinden.

1. Beispiel: Unmöglich ist es, dass ein Zebra ...

a | kleiner ist als ein Pferd
b | kariert gestreift ist
c | in einem Stall lebt
d | als Reittier dient

Lösung: b ist richtig

Erklärung: Die Frage war: Welche Behauptung ist entweder als einzige richtig oder als einzige falsch? Die Aussagen a, c und d sind falsch, als einzige richtig ist b, denn: Es ist wirklich unmöglich, dass ein Zebra kariert gestreift ist.

2. Beispiel: Es ist gut möglich, dass ein Huhn ...

a | gackert
b | Eier legt
c | Milch gibt
d | Körner pickt

Lösung: c ist falsch

Erklärung: Als einzige Aussage ist c falsch, alle anderen sind richtig.

Für die folgenden Aufgaben haben Sie 2 Minuten Bearbeitungszeit. Bitte blättern Sie jetzt um.

1 | Unmöglich ist es, dass eine Flüssigkeit wie Wasser ...

a | verdampft
b | kristallisiert
c | sich vermischt
d | eingefärbt wird
e | sich in einem normalen Sieb transportieren lässt
f | eingefroren wird

2 | Unmöglich ist es, ein Lied zu singen ohne ...

a | Notenkenntnis
b | Unterstützung
c | Anteilnahme
d | Energie zu verbrauchen
e | Begleitung
f | Anleitung

3 | Ein Mensch kann auf keinen Fall ...

a | ewig leben
b | ohne Nahrung auskommen
c | ohne Sauerstoff leben
d | auf Fernsehen verzichten
e | wie ein Vogel fliegen
f | über sehr lange Zeit ohne Schlaf auskommen

4| Es ist völlig unmöglich, in einem Kühlschrank mit kleinem, einfachem Eisfach ...

a| Esswaren aufzubewahren
b| Eiswürfel herzustellen
c| Eis zu schmelzen
d| hochprozentigen Rum gefrieren zu lassen
e| Tiefkühlkost längerfristig aufzubewahren
f| Lebensmittel kühl zu halten

5| Es ist völlig unmöglich, dass ein Richter ...

a| immer Recht hat
b| sich nie irrt
c| selbst zum Verbrecher wird
d| unsterblich ist
e| fliegt wie ein Vogel
f| nie einen Fehler macht

6| Auf keinen Fall kann ein Lichtstrahl ...

a| in seine Spektralfarben zerlegt werden
b| umgeleitet werden
c| reflektiert werden
d| verstärkt werden
e| durch ein Brennglas gebündelt werden
f| durch eine Konvexlinse zerstreut werden

Astronautentest

Sie gehören einem europäischen Raumfahrerteam an, das im Jahre 2010 ein Forschungsprojekt auf dem Mond durchführen soll. Dabei sind Sie mit Ihrem Raumgleiter unterwegs und auf dem Mond gelandet. Auf der Rückreise zum Mutterschiff, das auf der beleuchteten Mondseite auf Sie wartet, kommt es zu einer technischen Panne. Sie müssen notlanden und befinden sich 200 km von Ihrem Ziel, dem Mutterschiff, entfernt. Während der unsanften Landung ist viel von der Bordausrüstung zerstört worden. Nun hängt Ihr Überleben davon ab, dass es Ihnen gelingt, zu Fuß zum Mutterschiff zu kommen. 12 unzerstört gebliebene Dinge können Ihnen dabei helfen.

Ihre Aufgabe ist: Bringen Sie diese 12 Gegenstände in eine Rangfolge, geordnet nach der Wichtigkeit der Mitnahme für den Fußmarsch zum Mutterschiff. Was, glauben Sie, werden Sie auf dem Mond am notwendigsten brauchen? Was ist am zweitwichtigsten etc.? Bitte notieren Sie jeweils die Rangnummer hinter den Gegenständen. Sie haben 2 Minuten Bearbeitungszeit.

Verfügbar sind:

- ○ mehrere Tuben Astronautennahrung
- ○ solarzellenbetriebener Kocher
- ○ Feuerzeug
- ○ 20 Meter Seil
- ○ Pistole
- ○ mehrere Sauerstofftanks
- ○ magnetischer Kompass
- ○ astronomische Karte
- ○ zwei Signalflaggen
- ○ Erste-Hilfe-Koffer
- ○ zwei Tanks mit Trinkwasser
- ○ ein Paket Milchpulver

Buchstabengruppen

Welche Buchstabengruppe (a, b, c, d oder e) ist nicht nach einer bestimmten Regel wie die vier anderen Gruppen zusammengesetzt? In welcher Gruppe steckt der Fehler?

	a	b	c	d	e
1. Beispiel:	AAAB	BBBC	CCCD	DDEE	EEEF

Lösung: Gruppe d

Erklärung: In dieser Gruppe ist ein E zu viel.

	a	b	c	d	e
2. Beispiel:	CBAZ	PONM	UTSR	IHGF	ECBA

Lösung: Gruppe e

Erklärung: Das Alphabet wird jetzt rückwärts präsentiert, und in der Gruppe e ist der Anfangsbuchstabe E falsch, denn es müsste eigentlich das D sein.

Für die folgenden Aufgaben haben Sie 1 Minute Bearbeitungszeit. Bitte blättern Sie jetzt um.

	a	b	c	d	e
1	LNNP	DNNT	PNNP	DNNT	QNNX
2	AABA	AAAB	AAAC	AAAT	AAAU
3	CDDC	KLLK	QRRQ	UTTU	WXXW
4	MOPQ	ACDE	UWXY	DFGH	SRQP
5	ACDE	UWXY	FHIJ	PRST	HIJK
6	BCDA	OPQN	VWXY	DEFC	LMNK

Schlussfolgerungen

Beantworten Sie bitte die folgenden Fragen unter Berücksichtigung der Informationen, die Sie bekommen.

Beispiel: Welches Auto ist am schnellsten?

Auto A ist langsamer als Auto C.
Auto D ist langsamer als Auto B,
aber schneller als Auto C.

Lösung: Auto B

Für die folgenden Aufgaben haben Sie 3 Minuten Bearbeitungszeit. Bitte blättern Sie jetzt um.

1| Welche Lampe ist die hellste?

Lampe A ist dunkler als Lampe B
B ist heller als C.
C ist gleich hell wie D.
B ist heller als D.
D ist heller als A.

Welche Lampe ist nun am hellsten?

2| Wer ist der schlechteste Schüler?

Paul wäre der beste Schüler, wenn Robert nicht wäre.
Friederike und Simone haben immer die gleichen Noten.
Anna ist nicht besser als Simone.
Friederike ist ein bisschen besser als Anna.

Wer ist also der/die schlechteste SchülerIn?

a| keine Lösung ist möglich
b| Friederike und Simone
c| Robert
d| Paul
e| Anna

3 | Was wird bestellt?

Sechs Freunde haben eine Abmachung getroffen: Immer wenn einige von ihnen gemeinsam essen gehen, wird für alle das gleiche Gericht bestellt. Da ihre Lieblingsgerichte sehr unterschiedlich sind, muss sich jeweils ein Freund nach dem anderen richten. Bernd zum Beispiel isst gern Suppen, aber zusammen mit Klaus essen sie beide gemeinsam Braten. Emil und Detlef entscheiden sich zusammen immer für Fisch, wenn aber Andreas mitessen soll, bestellen die drei Salat. Klaus isst zusammen mit Detlef Spaghetti, obwohl er eigentlich lieber etwas anderes essen würde. Franz, der am liebsten Eierspeisen isst, richtet sich immer nach Bernd.

Was wird bestellt, wenn alle sechs Freunde zusammen essen gehen?

a | Hühnchen
b | Braten
c | Salat
d | Spaghetti
e | Fisch
f | keine Lösung ist möglich
g | Eierspeisen
h | Suppe

Worteinfall

Beispiele: Denken Sie sich Wörter mit dem Anfangsbuchstaben S und dem Endbuchstaben N aus.

Lösungen: sagen, schreiben, Süden etc.

Alle Wortklassen (Haupt-, Tätigkeits-, Eigenschaftswörter etc.) und ihre Abwandlungen sind zugelassen (Plural, Vergangenheit etc.), auch Eigen- und Städtenamen gelten. Alle Wörter, wie sie in Zeitungen und Büchern Verwendung finden, gelten als richtige Lösung. Falsch sind Wörter aus einer fremden Sprache oder aus einem deutschen Dialekt sowie natürlich sinnlose Wörter und willkürliche Neubildungen.
Sie haben für jede der folgenden drei Aufgaben 30 Sekunden Bearbeitungszeit.

a | Suchen Sie Wörter mit dem Anfangsbuchstaben B und dem Endbuchstaben E (zum Beispiel Blase).

Bullete, Buche, Beispiele,
Brünete, Berge, Bernadiner

b | Suchen Sie Wörter mit dem Anfangsbuchstaben S und dem Endbuchstaben R (zum Beispiel Schüler).

Sender, Sucher, Schleger,
Sänger, Schläger

c | Suchen Sie Wörter mit dem Anfangsbuchstaben M und dem Endbuchstaben N (zum Beispiel Mann).

machen, Macken und Marotten
Matten, mögen, möchten,
Mechanikerin

Dominos

Welcher Dominostein aus der rechten Lösungsgruppe passt in die linke Dominogruppe? Gesucht wird der Stein, der durch seine Punktzahl oben und unten die linke Dominogruppe logisch sinnvoll ergänzt.

Beispiel:

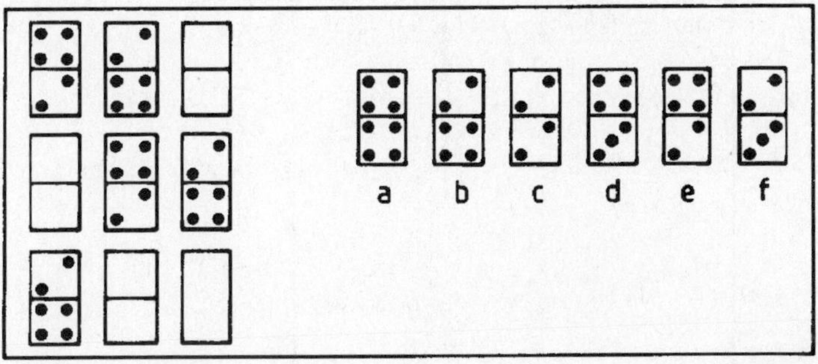

Lösung: e

Erklärung: Links sehen Sie drei Dominoreihen; hier gilt es, ein gemeinsames System festzustellen. Jede Reihe Dominosteine hat die Kombination 4-2, 2-4 (die Umkehrung) und einen 0-0-Stein. Diese Steinkombination wird lediglich unterschiedlich angeordnet. In der ersten Reihe ist der 0-0-Stein in der letzten Position, in der zweiten Reihe in der ersten, in der dritten Reihe in der zweiten Position.

Für die folgenden Aufgaben haben Sie 2 Minuten Bearbeitungszeit. Bitte blättern Sie jetzt um.

1|

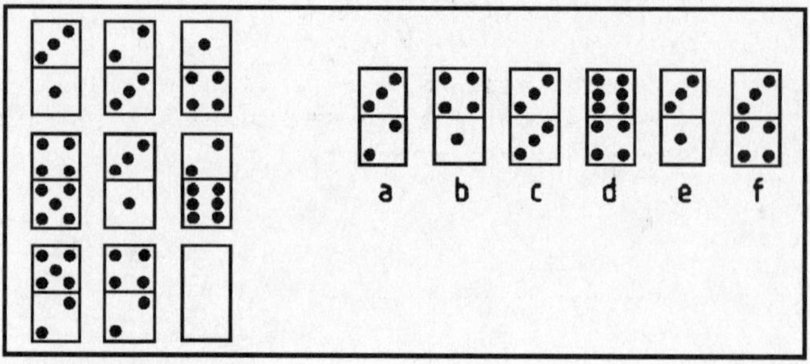

a b c d e f

2|

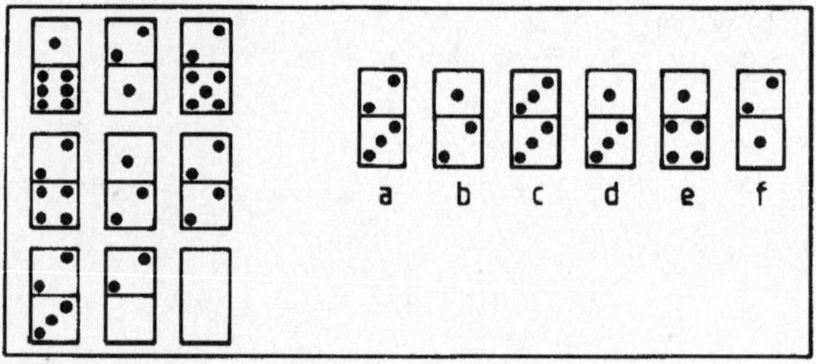

a b c d e f

3|

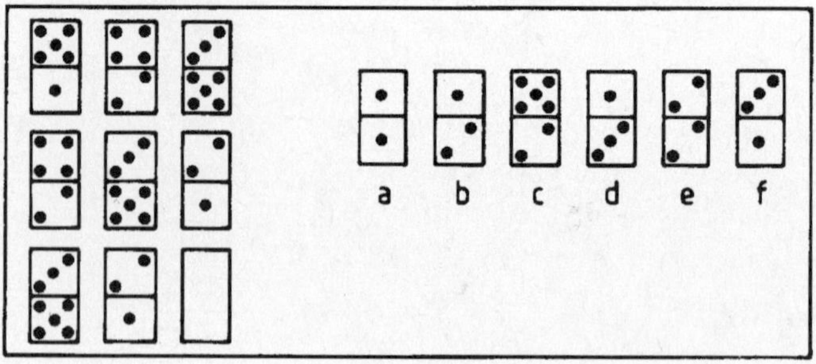

a b c d e f

Zahlen verbinden I

Ihre Aufgabe lautet: Versuchen Sie, im Zahlenfeld A mit einem Kugelschreiber in 30 Sekunden bei 1 beginnend so viele Zahlen wie möglich in der richtigen Reihenfolge zu verbinden.

A

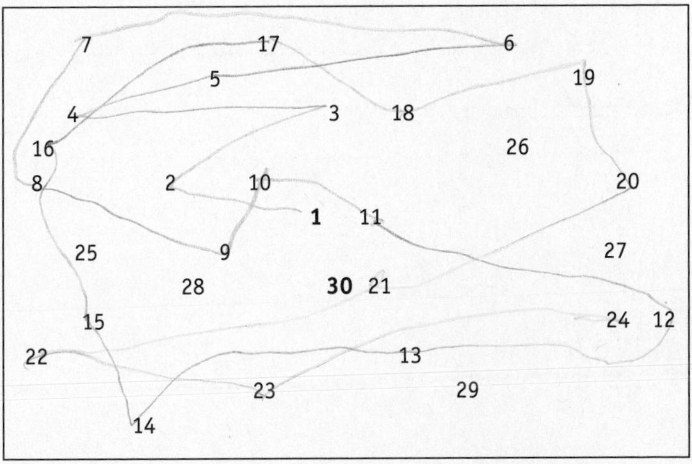

Zahlen verbinden II

Versuchen Sie erneut, mit einem Kugelschreiber in 30 Sekunden bei 1 beginnend so viele Zahlen wie möglich in der richtigen Reihenfolge zu verbinden.

B

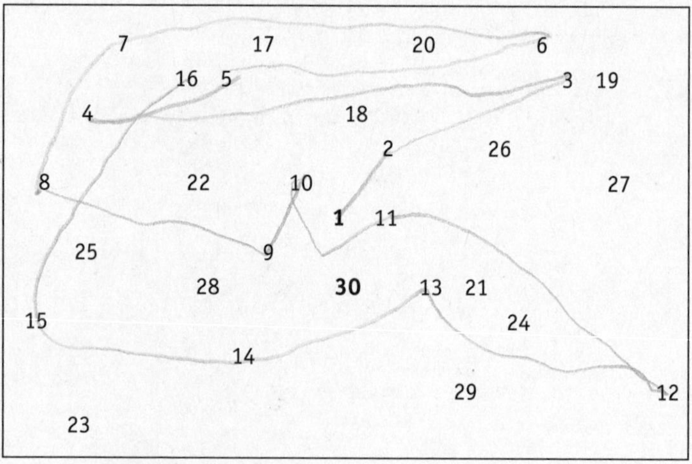

Beobachten

Sie sehen immer drei Gesichter nebeneinander. Zwei davon sind jeweils gleich, das dritte unterscheidet sich von den beiden anderen ganz deutlich.

Beispiel:

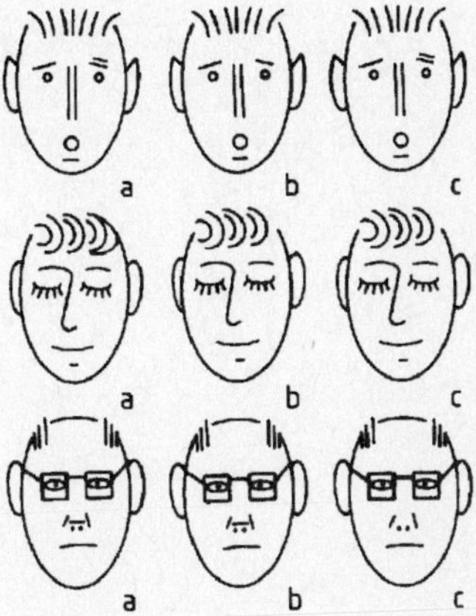

Lösung: 1. Reihe b, 2. Reihe a, 3. Reihe c

Erklärung: Die Augenbraue (1.), das Haar (2.) und die Nase (3.) sind deutlich anders.

Finden Sie bei den folgenden Aufgaben jeweils heraus, welches Gesicht sich deutlich von den beiden anderen unterscheidet.

Sie haben 4 Minuten Bearbeitungszeit.
Bitte blättern Sie jetzt um.

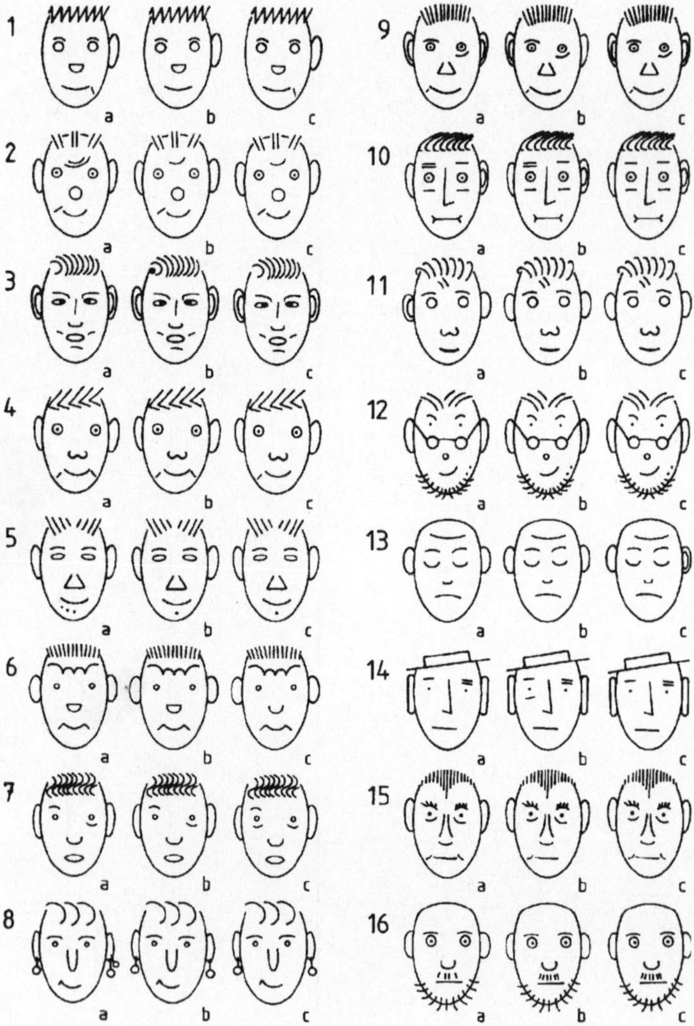
1
2
3
4
5
6
7
8
9
10
11
12
13
14
15
16
a b c

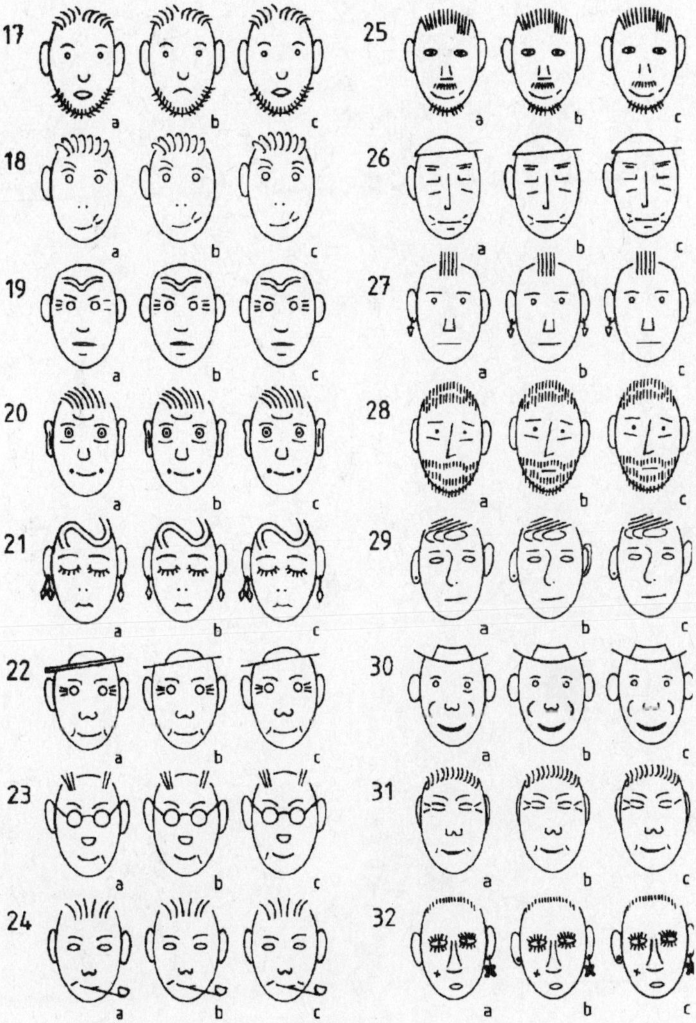
17 a b c
18 a b c
19 a b c
20 a b c
21 a b c
22 a b c
23 a b c
24 a b c
25 a b c
26 a b c
27 a b c
28 a b c
29 a b c
30 a b c
31 a b c
32 a b c

Zahlen verbinden III

Versuchen Sie auch jetzt wieder mit einem Kugelschreiber in 30 Sekunden bei 1 beginnend so viele Zahlen wie möglich in der richtigen Reihenfolge zu verbinden.

C

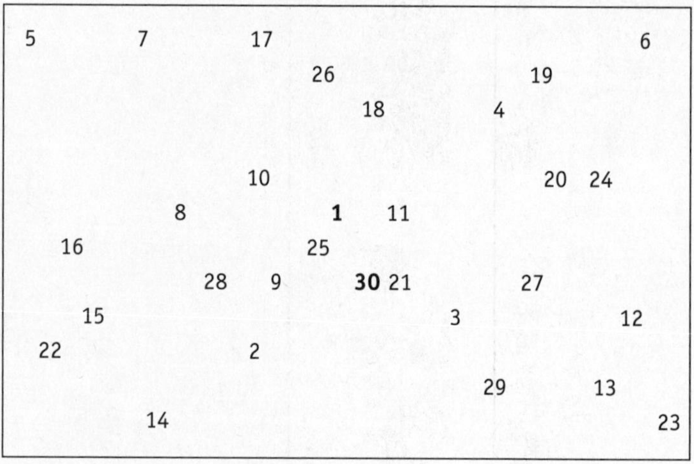

Gesichter

Diese vier Personen sollen Sie sich innerhalb 1 Minute gut einprägen.

Hans-Peter Hartmann
33 Jahre, Hamburg

Marie Luise Berghofer
35 Jahre, Berlin

Michael Nuber
32 Jahre, Nörtlingen

Silke Zumholz
25 Jahre, Zossen

Bitte blättern Sie erst nach der 1 Minute Einprägephase um.

Synonyme

Andere Wörter oder Umschreibungen für »trinken« wären zum Beispiel »saufen«, »schlucken«, »Durst löschen« oder »picheln« etc.

1| Finden Sie so viele Wörter wie möglich für »essen« und schreiben Sie die Synonyme hier auf.

Sie haben 1 Minute Bearbeitungszeit.

fressen, mampfen, ratschen,
patschen, zerstampfen

2| Und jetzt für »schlafen«.

Sie haben wieder 1 Minute Bearbeitungszeit.

grunzen, schnarchen,
ne 15 machen, ausruhen,
träumen

Kreativität

1 | Schreiben Sie in 1 Minute auf, was alles flüssig ist.

Wasser, Saft, Fanta, Cola,
Sprite, Blut, Wein, Urin,

2 | Schreiben Sie in 1 Minute auf, was alles grün ist.

Wiese, Autos, Bäume,
Gras, Blumen, T-Shirts,
Hosen, junge Zierkürbisse,
Papierkörbe, Buntpapier

3 | Schreiben Sie in 1 Minute auf, was man alles Sinnvolles mit einem Ziegelstein anfangen kann.

Haus bauen, kaufen,
verschenken, Kraft-
wettbewerb, Weitwurf

Titel erfinden

Sie bekommen – quasi als Cheflektor – jetzt die Aufgabe, sich einen möglichst attraktiven, viel versprechenden Titel für einen Kriminalroman auszudenken. Machen Sie so viele Titelvorschläge wie möglich für diese Art von Literatur.

Sie haben 1 Minute Zeit.

Die Leidenschaft
zum Töten, Der
Tod steht hinter dir,
Die Sanduhr blieb stehen,
Der Tot kommt auf
leisen Tatzen, Die
6 schwarze Katze,
Der Mörder aus dem
Nachbars Haus, Ein
9 tötliches Telefonat

Gesichter

Identifizieren Sie nun die vier Personen, die Sie sich eben einprägen sollten, und schreiben Sie den vollständigen Namen, Alter und Wohnort unter das jeweilige Foto.

Sie haben 1 Minute Bearbeitungszeit.

Zahlen verbinden IV

Versuchen Sie auch jetzt wieder mit einem Kugelschreiber in 30 Sekunden bei 1 beginnend so viele Zahlen wie möglich in der richtigen Reihenfolge zu verbinden.

D

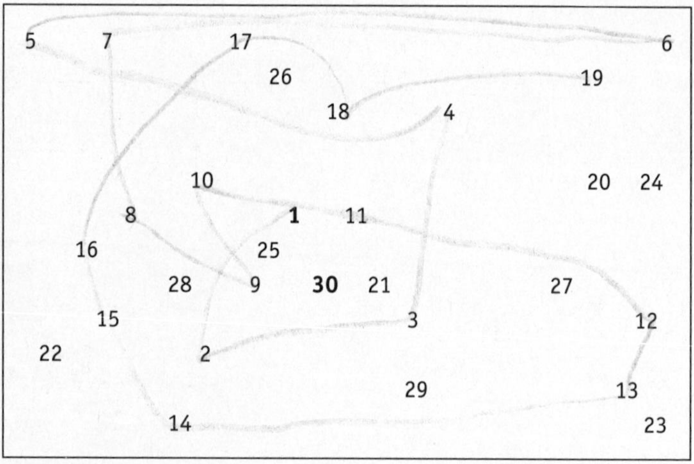

Zahlensymbole

Hier werden Zahlen durch bestimmte Symbole ersetzt. Einzelne Symbole entsprechen einer einstelligen Zahl (0–9), zwei nebeneinander stehende Symbole einer zweistelligen Zahl (10–99). Welche Zahl aus den Lösungsvorschlägen muss für ein bestimmtes Symbol eingesetzt werden, damit die Aufgabe richtig gelöst werden kann?

Beispiel:

□ + □ = ○△ □ = 1 3 4 0 7 2

Lösung: 7

Erklärung: Nur wenn diese Zahl für das Quadrat eingesetzt wird, kann das Ergebnis zweistellig werden.

Für die folgenden Aufgaben haben Sie insgesamt 4 Minuten Bearbeitungszeit. Bitte blättern Sie jetzt um.

A|

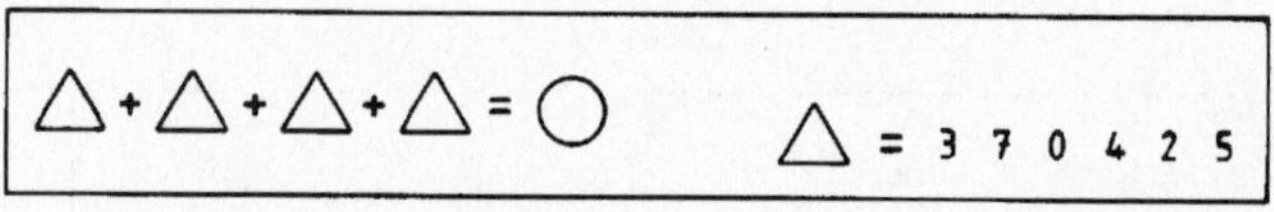

B|

C|

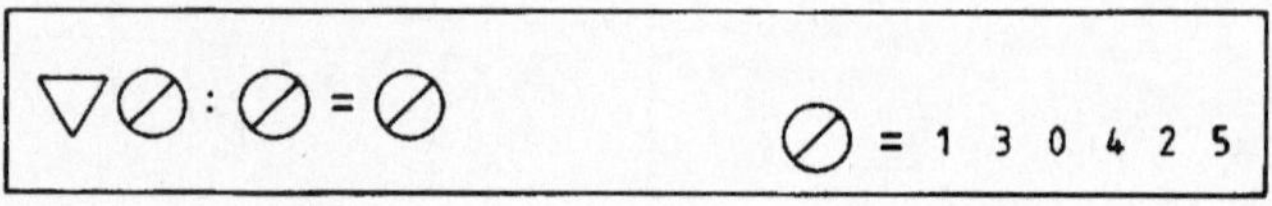

D|

E|

F|

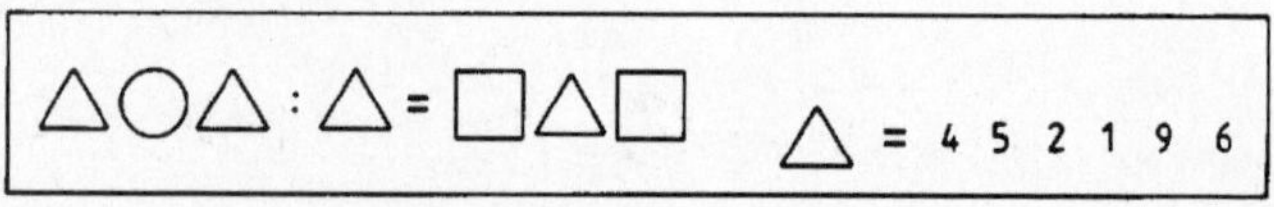

G|

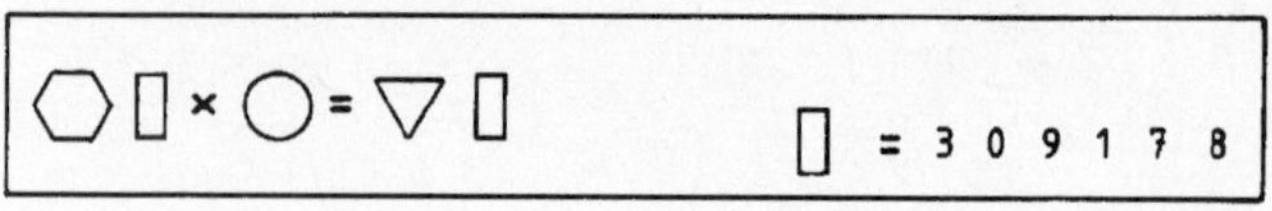

H|

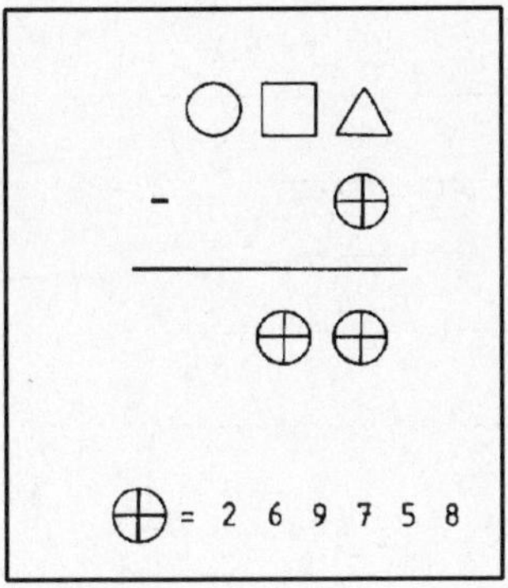

I|

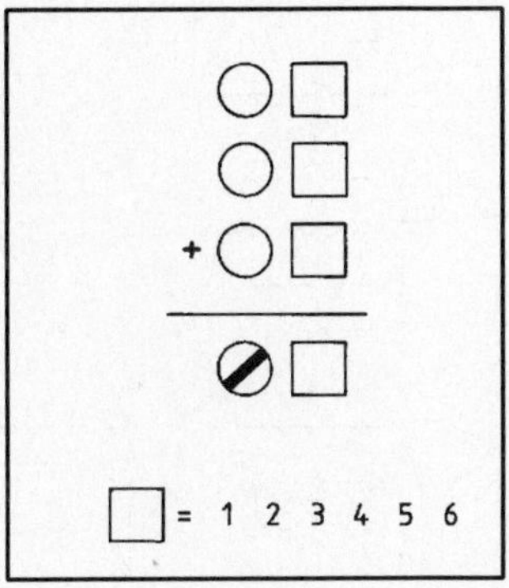

J|

K|

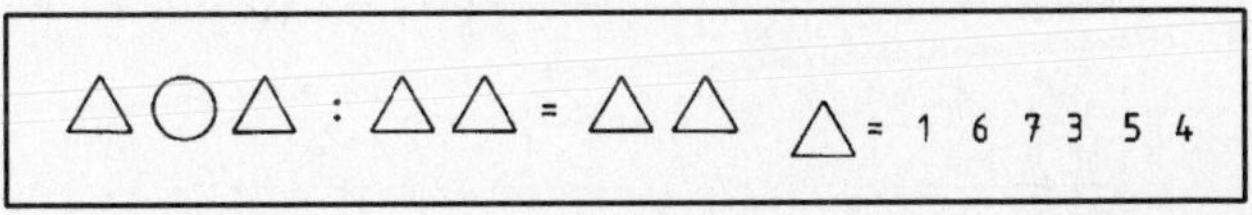

L|

Technik

Lösen Sie die folgenden technisch-physikalischen Aufgaben.
Sie haben insgesamt 3 Minuten Bearbeitungszeit.

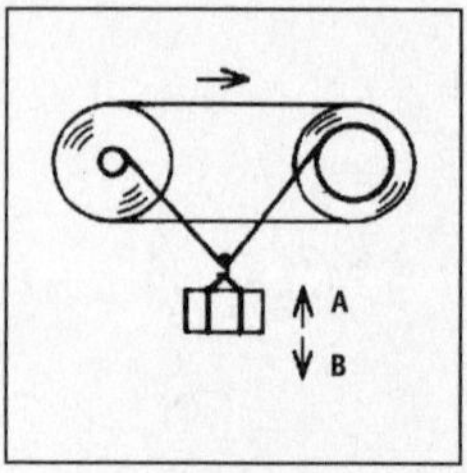

1| Bewegt sich die Kiste oder nicht – wenn ja, in welche Richtung?

a| Richtung A
b| Richtung B
c| Sie bewegt sich nicht.

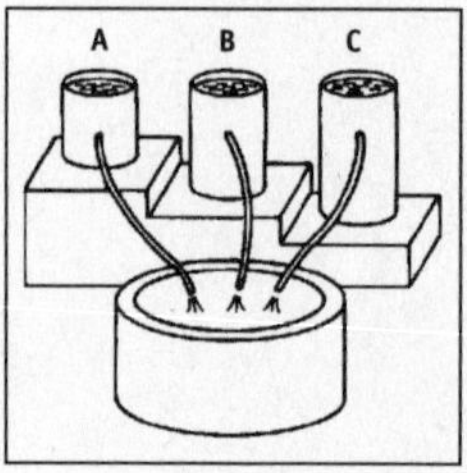

2| Aus drei Dosen wird Wasser abgelassen. Aus welchem Schlauch welcher Dose tritt das Wasser mit dem größten Druck aus?

a| Dose A
b| Dose B
c| Dose C
d| Der Druck ist gleich stark.

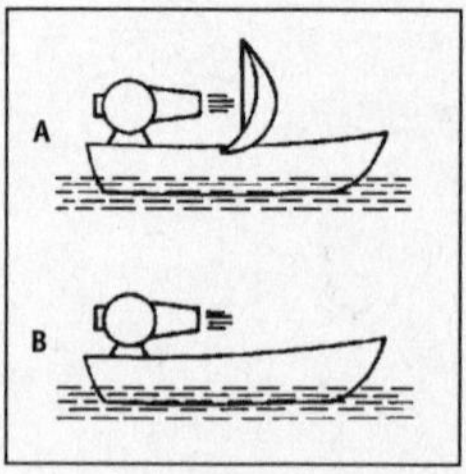

3| Welches der beiden Boote fährt vorwärts?

a| A
b| B
c| Keins fährt vorwärts.

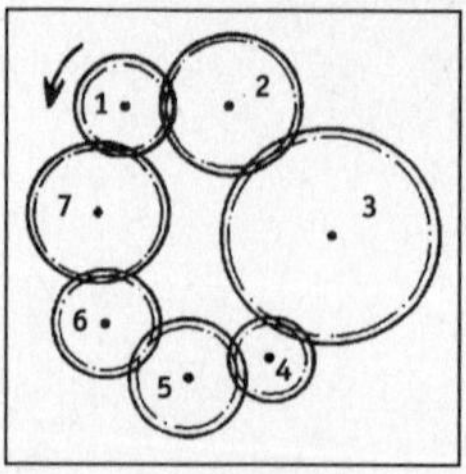

4| Welche der Zahnräder drehen sich in die gleiche Richtung wie das Zahnrad 1?

a| 6 und 4
b| 3 und 5
c| 1 und 6
d| Die Zahnräder drehen sich überhaupt nicht.

Gedächtnis

Sie sehen Gegenstände, Buchstaben und Zahlen.
Prägen Sie sich diese innerhalb von 1 Minute gut ein, Sie werden später dazu befragt.

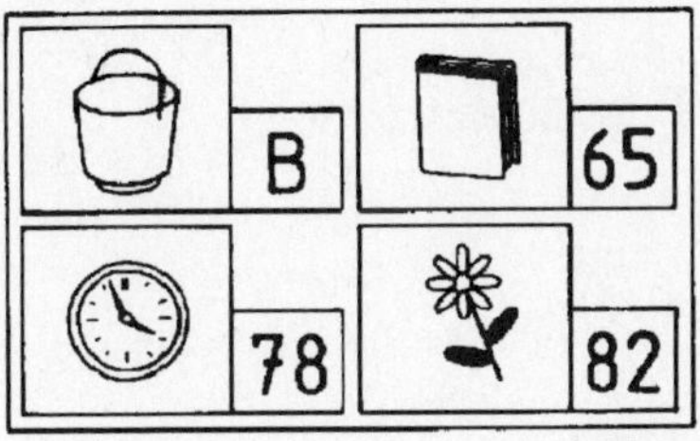

Zeichen setzen

Welches Zeichen ist einzusetzen, damit die Aufgabe stimmt: ein »+« oder ein »–«?

Beispiel: 3 5 4 = 4

Lösung: 3 + 5 – 4 = 4

Für die folgenden Aufgaben haben Sie insgesamt 1 Minute Bearbeitungszeit.

a| 2 2 2 = 6

b| 3 7 4 = 6

c| 5 4 6 = 7

d| 8 7 6 = 9

e| 7 4 9 = 2

f| 9 3 5 = 1

g| 4 7 3 = 8

h| 6 4 8 = 10

i| 9 4 3 = 2

j| 8 7 6 = 9

Gedächtnis

Wie gut erinnern Sie sich?

Füllen Sie die weißen Kästchen aus, jeweils mit dem richtigen Bild (alternativ können Sie den gesuchten Begriff reinschreiben) oder der richtigen Zahl beziehungsweise dem richtigen Buchstaben.

Sie haben 1 Minute Bearbeitungszeit.

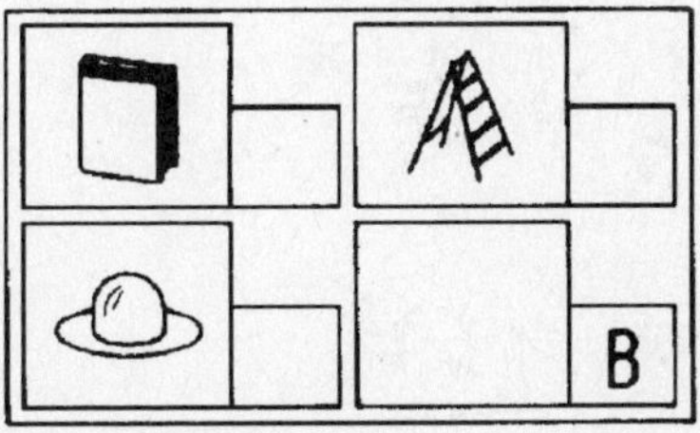

Figuren

Fünf geometrische Figuren (a–e) wurden in mehrere Einzelteile zerlegt. Welche Figur lässt sich aus den Teilen eines welchen Bildes (1–5) optimal zusammensetzen, sodass alles genau passt? Ordnen Sie die Bilder den Originalfiguren zu.

Sie haben 1 Minute Bearbeitungszeit.

Bitte beginnen Sie jetzt.

a| b| c| d| e|

1| 2| 3| 4| 5|

Mosaike

Mosaik und Bauplan sind zu überprüfen. Gibt es im Bauplan einen Fehler oder nicht?

Beispiel:

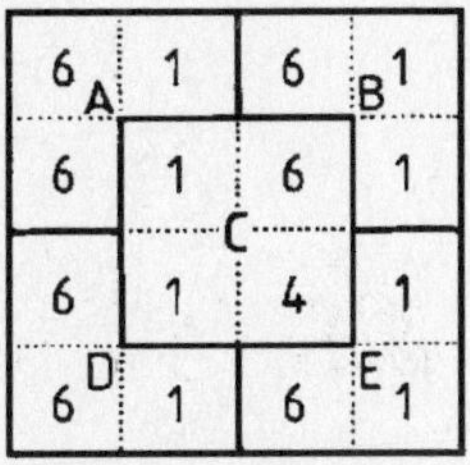

Lösungsvorschläge: A, B, C, D, E, ohne Fehler

Lösung: Ja, C

Erklärung: Im Feld C ist ein Mosaikbaustein falsch (die 4).

Für die folgenden Aufgaben haben Sie 2 Minuten Bearbeitungszeit. Bitte blättern Sie jetzt um.

1|

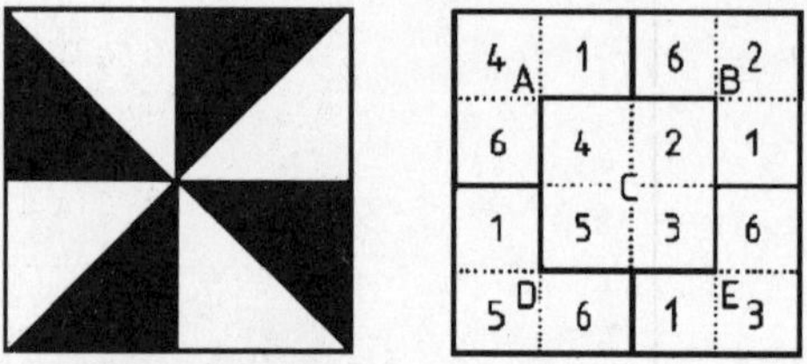

- ○ A
- ○ B
- ○ C
- ○ D
- ○ E
- ○ ohne Fehler

2|

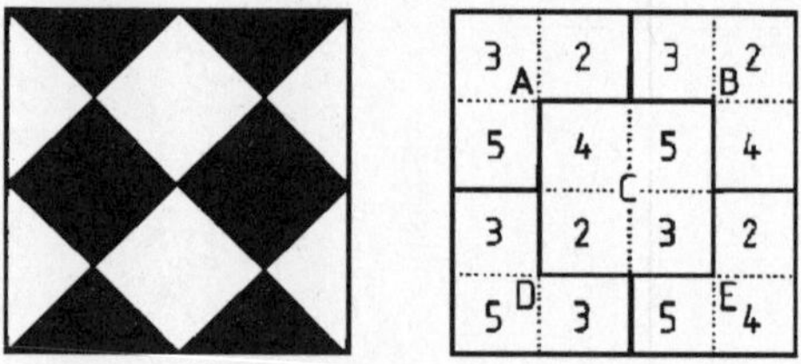

- ○ A
- ○ B
- ○ C
- ○ D
- ○ E
- ○ ohne Fehler

3|

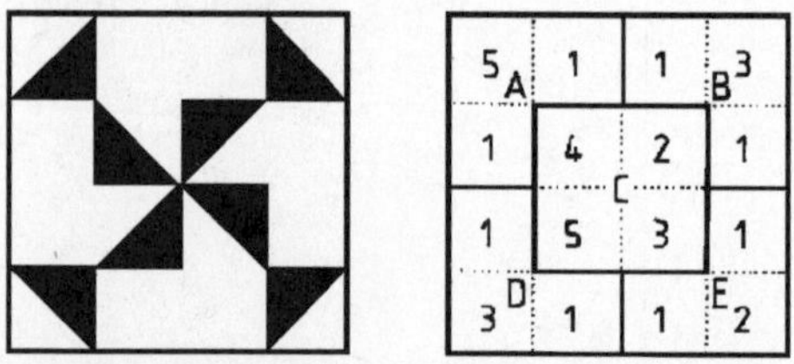

- ○ A
- ○ B
- ○ C
- ○ D
- ○ E
- ○ ohne Fehler

4|

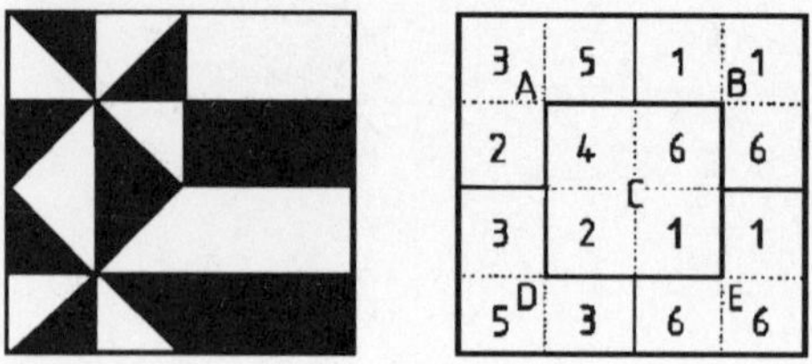

- ○ A
- ○ B
- ○ C
- ○ D
- ○ E
- ○ ohne Fehler

Spiegelbilder

Eine der Figuren (a–f) ist nicht nur verschoben und verdreht, sondern muss umgekippt werden. Welche ist es?

Beispiel:

a b c d e f

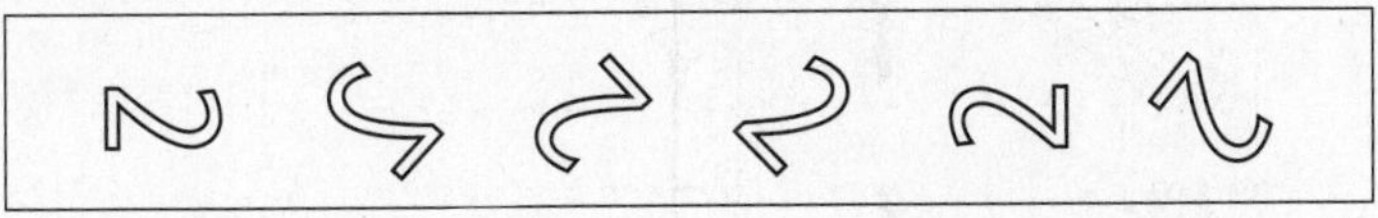

Lösung: b

Für die folgenden Aufgaben haben Sie 2 Minuten Bearbeitungszeit. Bitte blättern Sie jetzt um.

a b c d e f

1|
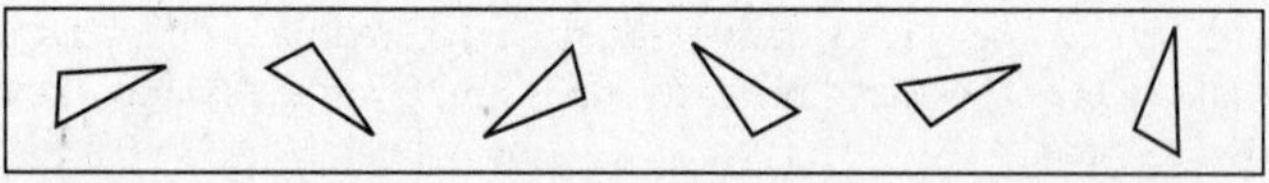

2|
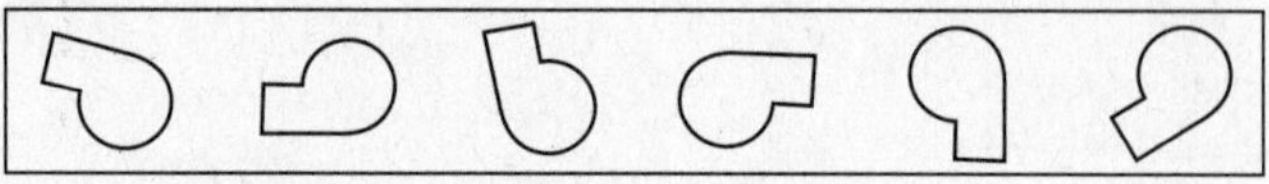

3|
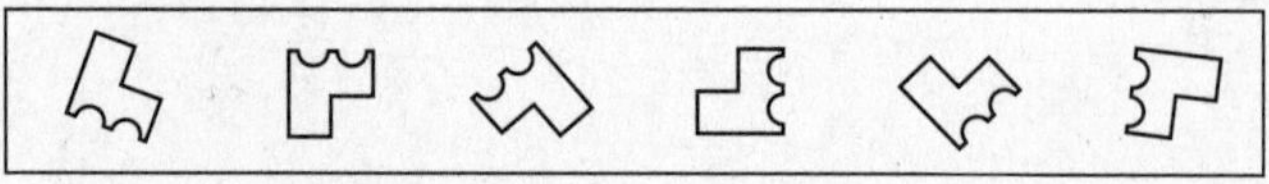

4|
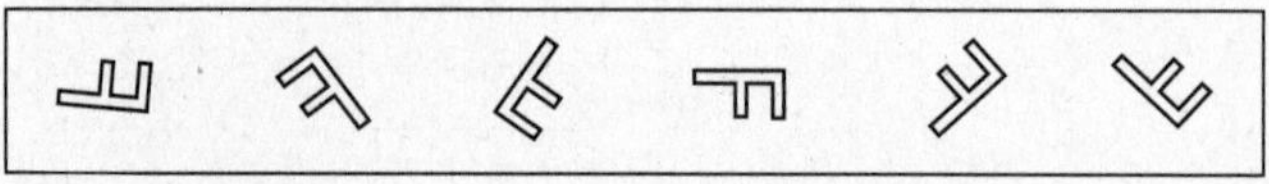

5|
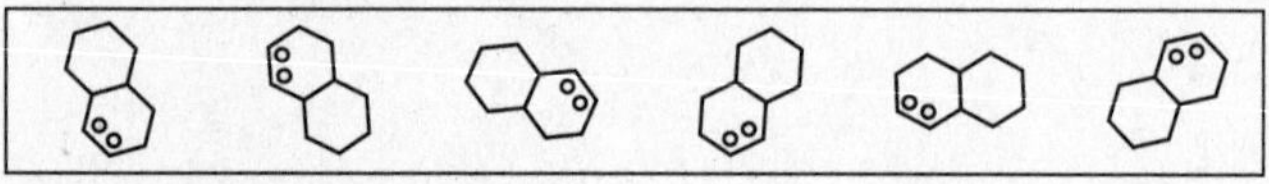

6|
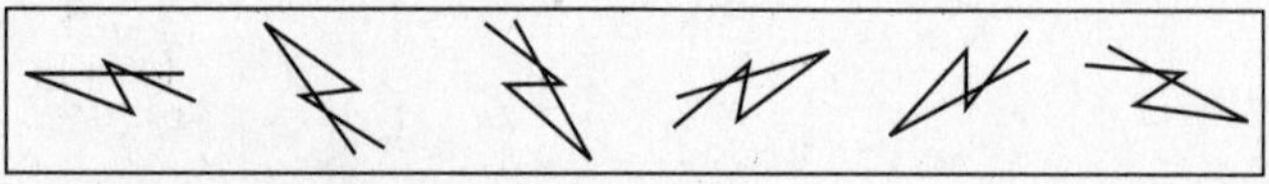

7|

8|
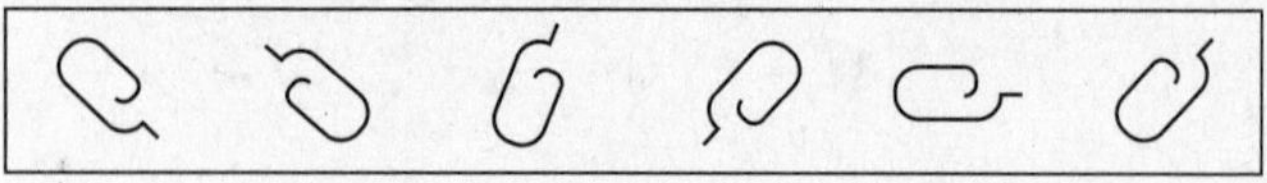

Faltvorlagen

Welcher der vier rechts dargestellten Körper kann aus der Faltvorlage links gebildet werden? Die Faltvorlage stellt immer die Außenseite des Körpers dar.

Beispiel:

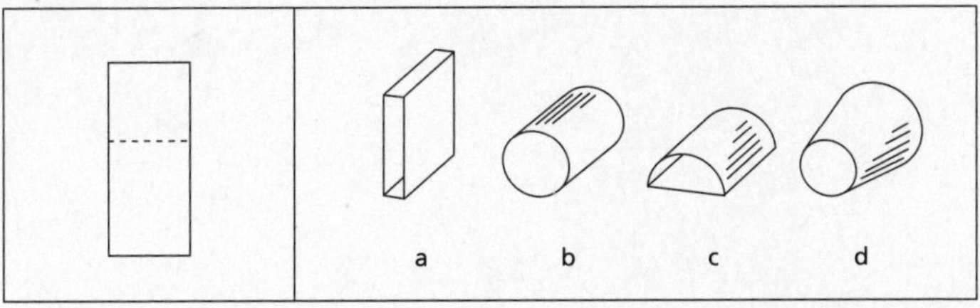

Lösung: c

Für die folgenden Aufgaben haben Sie 2 Minuten Bearbeitungszeit. Bitte blättern Sie jetzt um.

1| 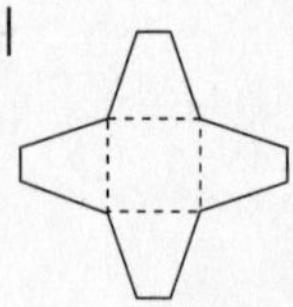	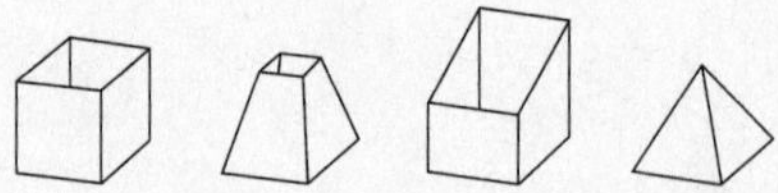 a b c d
2| 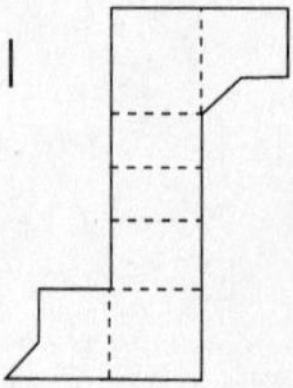	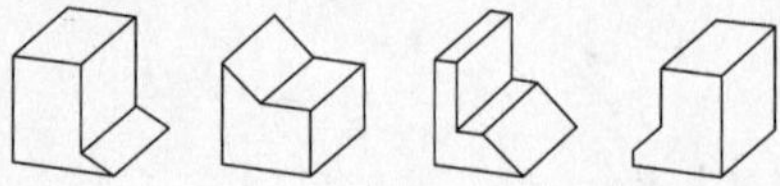 a b c d
3| 	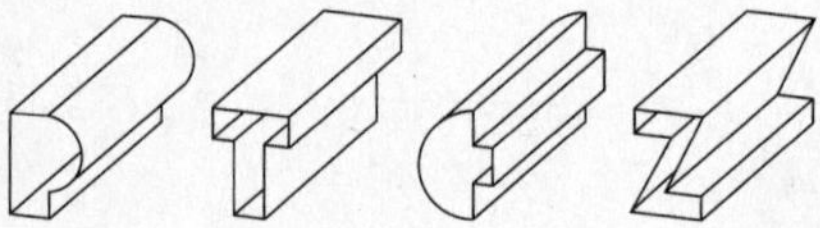 a b c d
4| 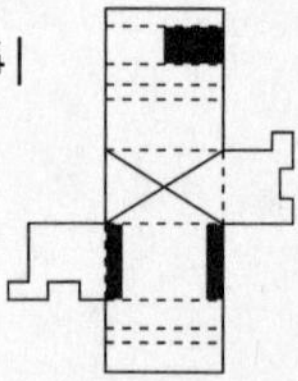	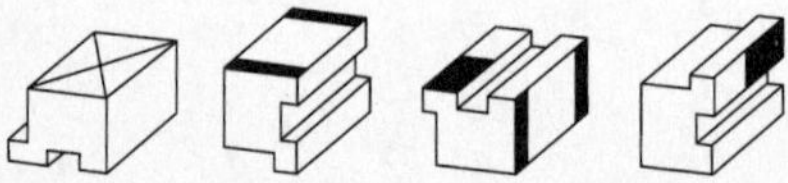 a b c d
5| 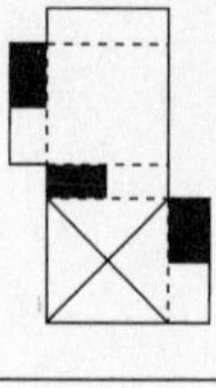	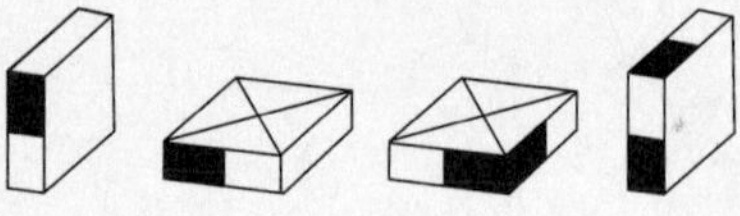 a b c d

Merken

Prägen Sie sich innerhalb 1 Minute die folgenden 15 Begriffe, Wörter und Zahlen ein.

- *Haus*
- *eins*
- *essen*
- *Monika*
- *Straße*
- *laufen*
- *110*
- *Auto*
- *quietschen*
- *zehn*
- *Tel.: 1 55 16 12*
- *rot*
- *schnell*
- *Geld*
- *fünf vor zwölf*

Blättern Sie erst nach dieser einminütigen Einprägephase um.

An welche Begriffe, Wörter und Zahlen erinnern Sie sich noch?
Bitte schreiben Sie so viele wie möglich hier auf.

Sie haben 1 Minute Bearbeitungszeit.

10
Haus
Monika
essen
laufen
Auto
quietschen
10 zehn
rot
schnell
eins
Geld
Straße

Einfall

Denken Sie sich etwas aus, wofür die jeweilige Abkürzung stehen könnte.

1. Beispiel: A A V = »allgemeine Autoversicherung« oder »amerikanischer Armee-Verein«

2. Beispiel: D B K G = »der Bulle kommt gut« oder »der Bär küsst gerne«

Ihrer Fantasie sind keine Grenzen gesetzt, aber Ihrer Zeit.
Für die folgenden Abkürzungen haben Sie 1 Minute Bearbeitungszeit.

Bitte blättern Sie jetzt um.

1| FKW

= freie körperliche Weise

2| GUZ

= Gutszufuhr

3| KHD

= Kuhdunk

4| SRP

= Skrupelloser Penner

5| DKLV

= Das kann Lisa verwalten

6| HMRZ

= (Ich bin) Herr meiner wichtigen Zeichen

7| STUR

Susi Tomsen ulgt rum

=

8| AMPL

= Ampel

Aber Mutter Peggy lacht

Figuren erstellen

Bei diesem Test geht es um Ihre Kreativität und Fantasie: Sie bekommen eine Zeichnung aus Strichen und/oder Kreisen präsentiert, aus der Sie möglichst viele verschiedene reale Gegenstände oder Symbole zeichnen sollen.

Beispiel:

Ausgangsfigur

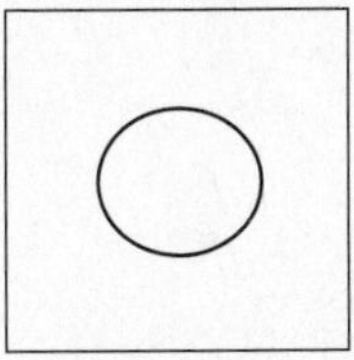

mögliche Lösungsfiguren:

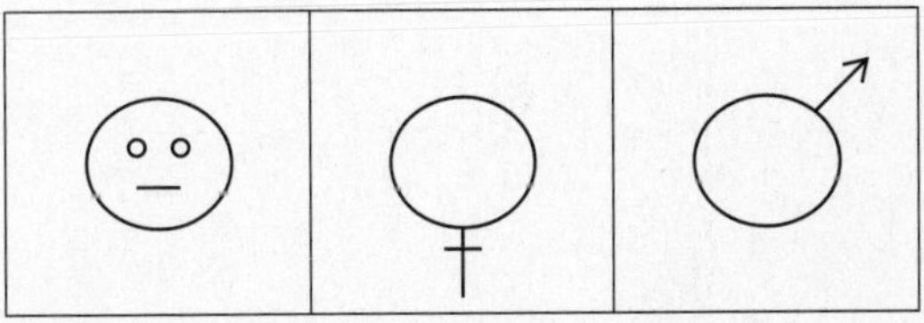

Ergänzen Sie nun die folgenden Bilder.
Pro Block haben Sie 1 Minute Zeit.
Bitte blättern Sie jetzt um.

1. Block – Sie haben 1 Minute Zeit!

2. Block – eine neue Variante bei gleicher Aufgabenstellung.
Sie haben 1 Minute Zeit!

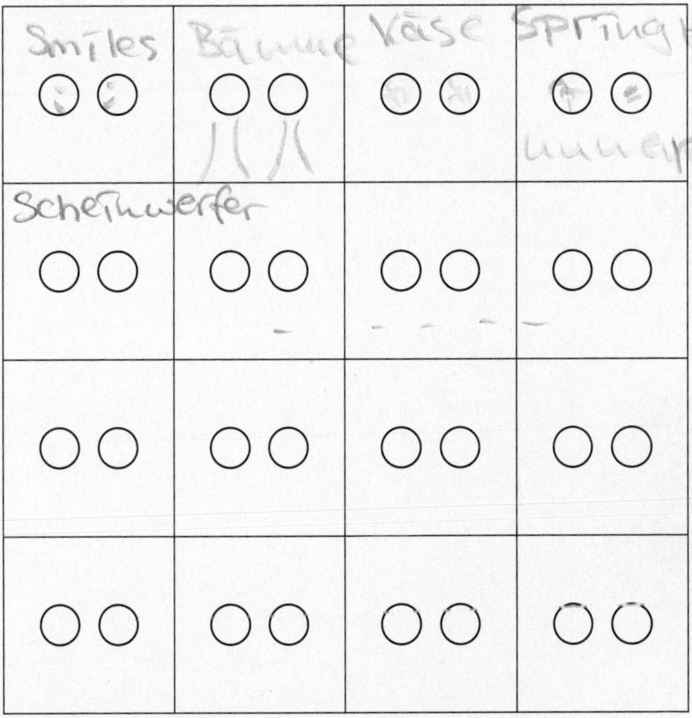

3. Block – eine weitere Variante bei gleicher Aufgabenstellung.
Sie haben wieder 1 Minute Zeit!

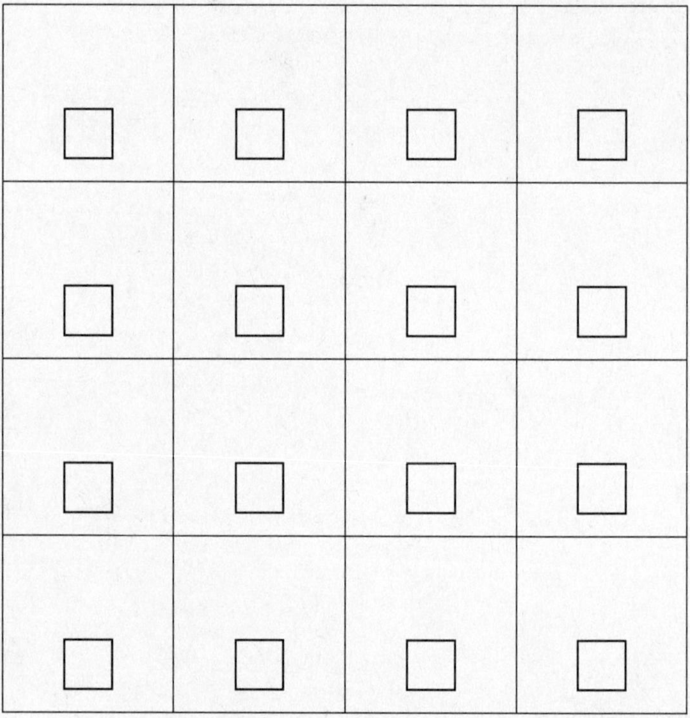

Figuren konstruieren

Diesmal bekommen Sie mehrere Einzelfiguren präsentiert, aus denen Sie eine neue, reale Figur erstellen sollen. In allen von Ihnen neu komponierten Figuren müssen alle Einzelteile enthalten sein. Diese dürfen aber auf keinen Fall doppelt benutzt werden – jedes Teil also nur einmal. Zum Schluss schreiben Sie bitte unter die Figur einen Namen, was die Figur darstellen soll.

Beispiel: Bitte erstellen Sie aus den im Folgenden abgebildeten Einzelfiguren möglichst viele verschiedene neue Figuren. Dabei kommt es nicht auf exakte Zeichnungen, sondern nur auf Vielfalt und Menge an; die Größenverhältnisse sollten in etwa stimmen. Abschließend schreiben Sie bitte unter die Figur, um was es sich handelt.

Ausgangsfiguren:

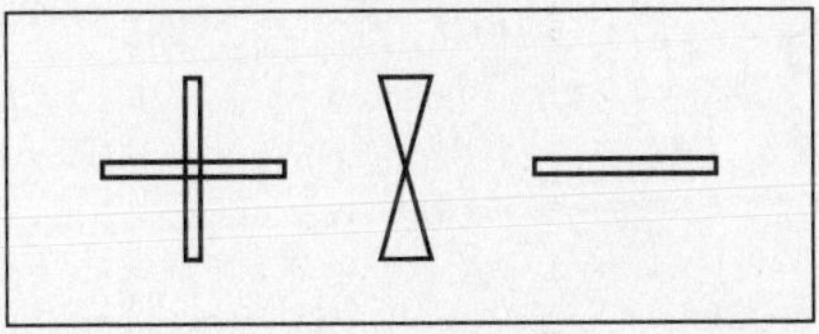

mögliche neue Figuren:

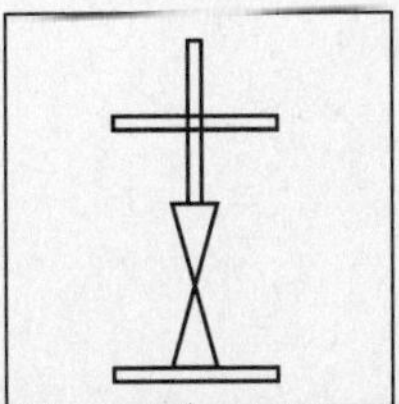

Sendemast

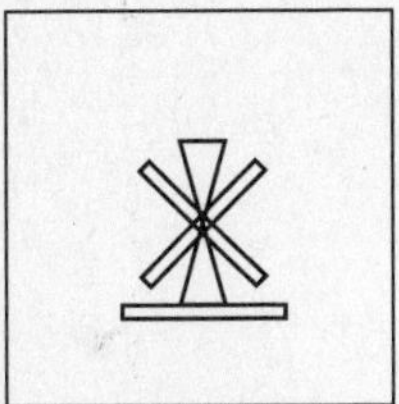

Windmühle

Bearbeiten Sie die nun folgende Aufgabe. Sie haben dafür 2 Minuten Zeit.

Ausgangsfiguren:

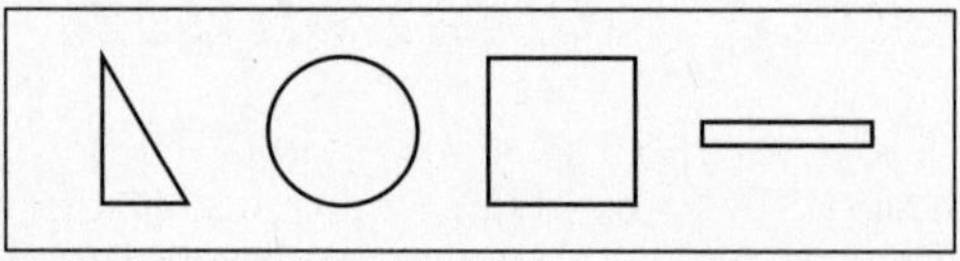

Zahlenmuster aufstellen

Dieser Test ist weniger ein Rechentest, als dass Ihr logisches Denkvermögen gefordert wird. Sie sollen nun möglichst verschiedene Zahlenmuster erstellen, die nach möglichst unterschiedlichen Rechenregeln aufgebaut sind.

Beispiele:

2	4	6	8
4			6
6			4
8	6	4	2

4	5	6	7
5			6
6			5
7	6	5	4

Erstellen Sie nun möglichst viele verschiedene Zahlenreihen für die folgenden Kästchen. Sie haben dafür insgesamt 1 Minute Zeit.

Bitte blättern Sie jetzt um.

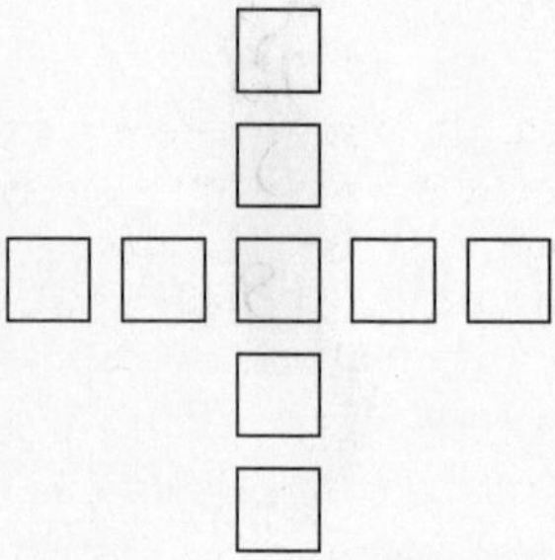

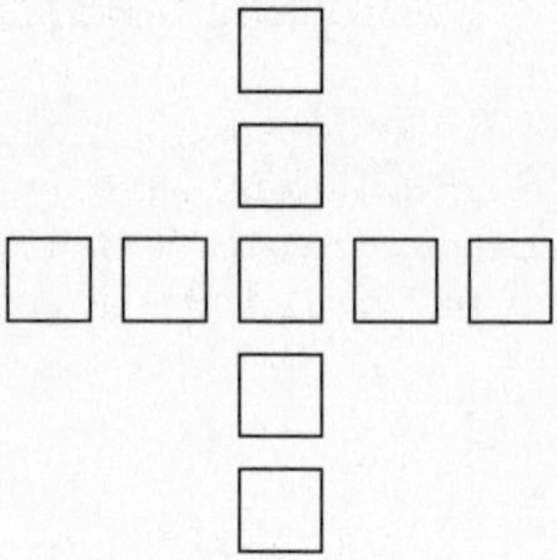

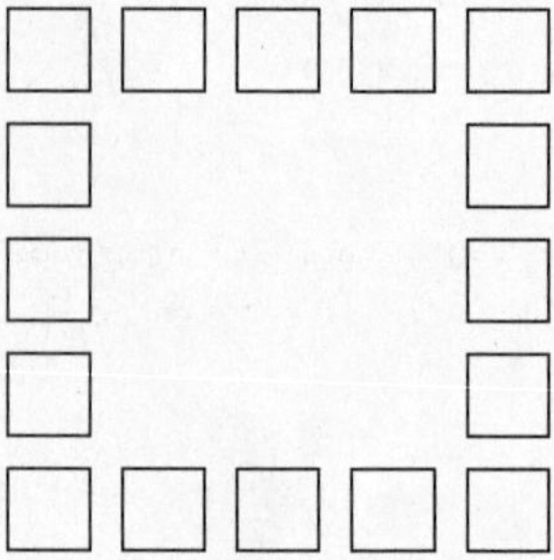

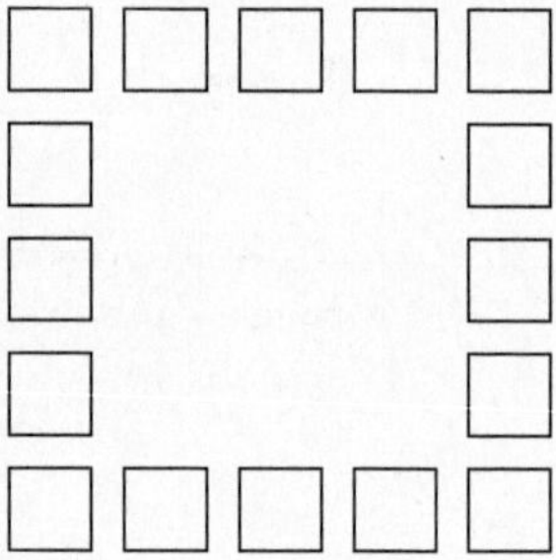

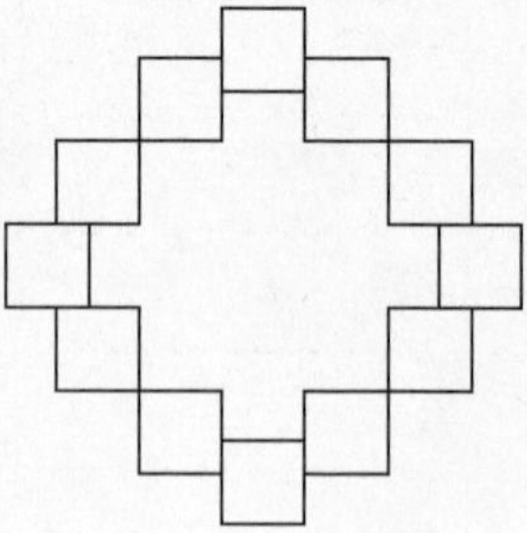

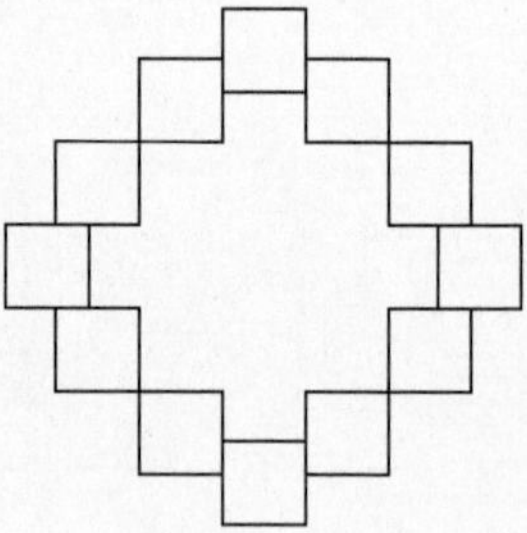

Gleichungen aufstellen

Bilden Sie mit den folgenden Zahlen möglichst viele verschiedene Gleichungen. Beachten Sie dabei, dass Sie nur die vorgegebenen Zahlen verwenden dürfen (dies gilt auch für das Ergebnis!). Ferner sind nur die Grundrechenarten erlaubt, also Addition, Subtraktion, Multiplikation und Division.

Beispiel: Die vorgegebenen Zahlen sind 2, 3, 4, 5, 6.

2 + 3 = 5
6 – 2 = 4
2 + 2 = 4 etc.

Erstellen Sie nun anhand der eben vorgestellten Regeln möglichst viele verschiedene Gleichungen mit den folgenden Zahlen. Sie haben dafür 1 Minute Zeit.

2, 5, 10, 15, 20, 30

______ ______ ______

______ ______ ______

______ ______ ______

______ ______ ______

______ ______ ______

______ ______ ______

______ ______ ______

Lösungsverzeichnis

Vergleichen Sie Ihre Aufgaben-Ergebnisse mit den Lösungen und addieren Sie die entsprechende Punktzahl für jede richtige Lösung. Tragen Sie das Gesamt-Ergebnis der Aufgabe in den nebenstehenden Kreis ein.

Ihr Punktwert

Wochentage (S. 11)
1. Sonntag / 2. Donnerstag / 3. Samstag / 4. Donnerstag / 5. Donnerstag (1 Punkt pro richtige Lösung = maximal 5 Punkte, Abkürzung: 1 P = 5 P)

Ergänzen (S. 13)
1. b / 2. c / 3. e (2 P = 6 P: 2 Punkte pro richtige Lösung = maximal 6 Punkte)

Zahlengedächtnis (S. 15)

58	24	79	33	**44**	17	28	82	34	12	23
43	65	13	56	14	52	65	78	56	21	76
10	34	21	54	52	37	23	11	**98**	60	56
68	11	12	15	90	80	81	93	25	61	**29**
46	37	24	33	71	**36**	**29**	93	34	77	63
43	**10**	48	99	22	48	54	45	23	86	45
54	23	88	12	23	43	21	67	87	97	55
68	**32**	22	43	11	48	99	**44**	99	**32**	45
36	56	11	22	34	45	35	99	12	97	55
68	**32**	**29**	72	23	**36**	12	**32**	56	45	99
43	33	19	93	34	31	26	67	63	97	34
32	**58**	87	33	47	22	11	27	**98**	39	33
38	49	82	99	43	11	48	99	20	81	93
25	61	**29**	46	37	24	99	71	**44**	30	28

(jede richtige Zahl 1 P = maximal 21 P)

Faktengedächtnis I (S. 17)
1. Tango / 2. Olaf Zimbo / 3. Weihnachten vor 41 Jahren / 4. 2 Jahre (1 P = 4 P)

Zugehörigkeit (S. 19)
1. Aufgabe: 1. A / 2. A / 3. B / 4. B /
2. Aufgabe: 1. A / 2. A / 3. B / 4. B (1 P = 8 P)

Verhältnisse I (S. 21)
1. c / 2. e / 3. a / 4. b / 5. c / 6. c (1 P = 6 P)

Verhältnisse II (S. 23)
1. b3 / 2. c1 / 3. b1 / 4. c2 / 5. b3 (1 P = 5 P)

Verhältnisse III (S. 25)
1. b / 2. a / 3. e / 4. c / 5. d / 6. d / 7. c / 8. a (1 P = 8 P)

Faktengedächtnis II (S. 27)
1. Robert-Koch-Klinik / 2. Zimmer 13 / 3. hohes Fieber /
4. 3 Tage nach der OP / 5. eine Schilddrüsen-OP /
6. Prof. Dr. Max Genschow und Dr. Hermann Sudkopf (1 P = 6 P)

Sprichwörter (S. 29)
1. b / 2. c / 3. c / 4. c / 5. c / 6. d / 7. c / 8. d (1 P = 8 P)

Rechnen (S. 32)
1. 16 Jahre / 2. 26 km / 3. 256 Taler (2 P = 6 P)

Sätze bilden (S. 33)
Beispiele:
In einem Haus wohnen Hund, Katze und Maus.
Hund und Katze jagen die Maus aus dem Haus.
Wegen einer kleinen Maus im Haus streiten sich Hund und Katze.
Die Maus wirft Hund und Katze aus dem Haus.

(Für jeden Satz 1 P. Etwa 3–4 P sind Durchschnitt, ab 6 P ist man ziemlich gut, sehr gut ab 8 P.)

Unmöglichkeiten (S. 35)
1. e richtig / 2. d richtig / 3. d falsch / 4. d richtig / 5. c falsch /
6. f richtig (1 P = 6 P)

Astronautentest (S. 38)
Hier die nach Expertenmeinung richtige Reihenfolge:

1. mehrere Sauerstofftanks (zum Überleben unbedingt notwendig)
2. zwei Tanks mit Trinkwasser (Durst ist schlimmer als Heimweh)
3. astronomische Karte (wichtiges Hilfsmittel für die Navigation)
4. mehrere Tuben Astronautennahrung (Hunger kommt auch noch vor Heimweh)

5. 20 Meter Seil (für viele Dinge nützlich)
6. Erste-Hilfe-Koffer (für den Fall der Fälle)
7. zwei Signalflaggen (nützlich, falls das Mutterschiff in Sicht kommt)
8. Pistole (ebenfalls für Rückstoßantrieb nützlich)
9. ein Paket Milchpulver (Ergänzung der Nahrung, aber nicht mehr so wichtig)
10. solarzellenbetriebener Kocher (unnötig)
11. magnetischer Kompass (auf dem Mond wertlos, nicht polarisiertes Magnetfeld)
12. Feuerzeug (wertlos, weil es keinen Sauerstoff auf dem Mond gibt)

(Nur für das erste Lösungs-Drittel bekommen Sie Punkte. Jeder Gegenstand, der hier innerhalb des Drittels richtig platziert wurde, bringt Ihnen 2 P, insgesammt also maximal 8 P.)

Buchstabengruppen (S. 39)
1 c / 2 a / 3 d / 4 e / 5 e / 6 c (1 P = 6 P)

Schlussfolgerungen (S. 41)
1. Lampe B / 2. e Anna / 3. c Salat (2 P = 6 P)

Worteinfall (S. 44)
1. Anfang B, Ende E, zum Beispiel Blase, Berge, Buche, bunte etc.
2. Anfang S, Ende R, zum Beispiel Schüler, Salamander, Sänger etc.
3. Anfang M, Ende N, zum Beispiel Mann, machen, mögen etc.
(jedes richtige Wort 1 P, 13–17 P sind guter Durchschnitt)

Dominos (S. 45)
1. f / 2. d / 3. b (1 P = 3 P)

Zahlen verbinden I–IV (S. 47, 48, 52, 58)
Hier kommt es auf die Geschwindigkeit und Ihr Überblicksvermögen an. Bis zu welcher Zahl kommen Sie?
Insgesamt machen Sie diese Aufgabe viermal. Addieren Sie alle vier Endergebnisse (Hoffentlich konnten Sie sich steigern!) und teilen Sie die Summe durch acht. Dies ist Ihr Gesamtpunktwert für die Aufgaben A–D. Etwa 8–10 P sind guter Durchschnitt.)

Beobachten (S. 49)
1 b / 2 a / 3 b / 4 c / 5 a / 6 c / 7 c / 8 a / 9 b / 10 c / 11 a / 12 a / 13 c / 14 b / 15 b / 16 a / 17 b / 18 c / 19 a / 20 c / 21 b / 22 a / 23 c / 24 c / 25 c / 26 b / 27 b / 28 a / 29 b / 30 a / 31 c / 32 a (1 P = 32 P)

Gesichter (S. 53, 57)
richtige Identifikation 1 P plus vollständiger Name, Alter und Ort nochmals 1 P (2 P = 8 P)

Synonyme (S. 54)
1. für »essen«: zum Beispiel schlingen, mampfen, fressen etc.
2. für »schlafen«: zum Beispiel pofen, ratzen, träumen etc.
(jedes richtige Synonym 1 P, guter Durchschnitt bei 8–12 P)

Kreativität (S. 55)
1. was alles flüssig ist: Wasser, Blut, Wein, Kaffee, Schweiß etc.
2. was alles grün ist: Frosch, Gras, Wald, Bäume, Pflanzen etc.
3. Ziegelstein: Haus bauen, Regal, Buchstütze, Türstopper etc.
(jede sinnvolle Benennung oder Idee 1 P, guter Durchschnitt liegt bei etwa 15 P)

Titel erfinden (S. 56)
Beispiele: »Der Mörder kam leise« / »Tod nach Mitternacht« etc.
(pro Titel 1 P, guter Durchschnitt liegt bei etwa 5–8 P)

Zahlensymbole (S. 59)
A 2 / B 5 / C 5 / D 1 / E 9 / F 2 / G 0 / H 9 / I 5 / J 3 / K 1 / L 6
(1 P = 12 P)

Technik (S. 62)
1. a / 2. d / 3. c / 4. d (2 P = 8 P)

Gedächtnis (S. 63, 65)
Vergleichen Sie selbst! (pro richtiger Lösung 1 P = 8 P)

Zeichen setzen (S. 64)
a ++ / b +- / c -+ / d +- / e +- / f -- / g +- / h -+ / i -- / j +- (1 P = 10 P)

Figuren (S. 66)
1 c / 2 e / 3 d / 4 a / 5 b (1 P = 5 P)

Mosaike (S. 67)
1. ohne Fehler / 2. D / 3. B / 4. D (1 P = 4 P)

Spiegelbilder (S. 69)
1. e / 2. a / 3. b / 4. d / 5. a / 6. a / 7. f / 8. c (1 P = 8 P)

Faltvorlagen (S. 71)
1. b / 2. b / 3. a / 4. c / 5. a (1 P = 5 P)

Merken (S. 73)
(für jedes richtig erinnerte Wort, jede Zahl und jeden Begriff 1 P = 15 P)

Einfall (S. 75)
(für jeden Vorschlag 2 P = 16 P)

Figuren erstellen (S. 77)
(für jedes Bild 1 P, Durchschnitt pro Block 3–4 P)

Figuren konstruieren (S. 81)
(für jedes Bild 1 P, Durchschnitt liegt bei 3–5 P)

Zahlenmuster aufstellen (S. 83)
(für jedes Muster 1 P, Durchschnitt liegt bei 4–5 P)

Gleichungen aufstellen (S. 85)
Bitte kontrollieren Sie Ihre Rechenaufgaben:
1. auf Richtigkeit
2. auf eventuell doppelt vorgestellte Aufgaben
3. auf Vielfalt in den Rechenarten
4. auf Menge der Aufgaben
5. auf Einhaltung der Aufgabenregeln

(pro richtiger Gleichung 1 P, Durchschnitt 10–15 P)

Addieren Sie nun die Einzelergebnisse.
Die Testauswertung erfolgt auf der nächsten Seite.

Hinweis: Sie finden unter *www.berufsstrategie.de* eine Info zu diesem IQ-Test und eine Erklärung der Lösungswege.

Testauswertung

Die von Ihnen erreichte Punktzahl kann unter 100 liegen oder über 300 hinausgehen. Wichtig jedoch bleibt: Egal wie Ihr Ergebnis aussieht – Erfolg, Glück und Lebenszufriedenheit sind nicht ausschließlich, ja sogar nur zu einem Bruchteil vom IQ abhängig. Und so sehr wir uns auch bemüht haben: Diese Intelligenztest-Aufgabensammlung ist nur ein Teil dessen, was geprüft werden kann. Persönlichkeitstest-Aufgaben, soziale Kompetenz und Musikalität fließen hier beispielsweise leider nicht mit ein. Trotzdem ist es schon faszinierend zu sehen, wie Sie mit dieser Aufgabensammlung klargekommen sind. Hier Ihr Ergebnis:

unter 100 Punkte: Ihre Leistung liegt in einem Bereich, der sehr unbefriedigend ist. Da sollten Sie sich ruhig noch einmal die Zeit nehmen und alles gut durcharbeiten. Schlechter Tag oder Fehler beim Ausrechnen? Ihr IQ liegt möglicherweise unter 80.

100–134 Punkte: Ihre Leistung liegt noch etwas unter dem Durchschnitt. Hier gibt es bestimmt ein Steigerungspotenzial. Übung macht den Meister, nur nicht verunsichern lassen, und nur wer aufgibt, hat verloren. Ihr IQ liegt um die 90.

135–164 Punkte: Mit Ihrer Leistung liegen Sie sicher im Mittelfeld. Je näher an 150 Punkten oder darüber, umso stabiler. Das ist eine gute Ausgangsbasis für ein erfolgreiches IQ-Training. So können Sie sich auf eine überdurchschnittliche Leistung trimmen. Ihr IQ liegt um die 100.

165–199 Punkte: Bravo, Sie zeigen überdurchschnittliches Intelligenz-Leistungsvermögen und lassen das Mittelfeld, auf die 200 zugehend, immer deutlicher zurück. Das ist schon was: eine gute Voraussetzung für den richtigen beruflichen Erfolg. Trauen Sie sich und machen Sie etwas daraus. Nur keine falsche Bescheidenheit. Ihr IQ dürfte um die 110–120 liegen.

200–249 Punkte: Gratulation! Sie haben ein ganz tolles Ergebnis erzielt. Ihr Kopf funktioniert, Ihre grauen Zellen arbeiten exzellent. Sie haben das richtige mentale Werkzeug und hoffentlich auch die beruflichen Aufgaben, die zeigen, was in Ihnen steckt. Lassen Sie sich nicht bremsen. Mit diesem Ergebnis stehen Sie hervorragend dar. Ihr IQ liegt schon um die 120–130.

ab 250 Punkte: Genial. Sie haben ein außerordentliches Spitzenergebnis erreicht, um das man Sie nur beneiden kann. Nicht nur exzellente analytische Problemlösungsfähigkeiten, sondern auch Schnelligkeit, enorme Gedächtnisleistung und kreativer Ideenreichtum zeichnen Sie aus. Damit haben Sie ganz wesentliche Erfolgswerkzeuge, die Sie von anderen deutlich abheben. Ihr IQ liegt in einem Bereich von etwa 130–140, und der Schritt zur Genialität (über 300 Punkte) ist nicht groß.

Wie immer Ihr Ergebnis heute ausgefallen ist, Top oder Flop – ein wenig Übung, und schon sieht es anders aus. Intelligenztest-Aufgaben lassen sich üben, und damit kann man seine Performance aktiv beeinflussen. Hier gilt wie so oft: Übung macht den Meister. Und wenn Sie mit Ihrer Leistung nicht so ganz zufrieden sind: Vielleicht war heute einfach nicht Ihr Tag und Sie konnten nicht konzentriert arbeiten. Oder Sie ärgern sich über Folgendes: Trotz Super-Ergebnis ist Ihre berufliche Position, Ihr Gehalt ziemlich bescheiden. Wundern Sie sich ruhig, aber verzweifeln Sie nicht, schauen Sie auf unsere Internetseite *www.berufsstrategie.de* und bedenken Sie stets:

Wir sind nicht auf der Welt, um so zu sein, wie andere uns haben wollen.

Was Sie noch wissen sollten ...

über uns, die Autoren, unsere Bücher sowie das *Büro für Berufsstrategie* in Berlin und Frankfurt

Das Autorenteam Hesse/Schrader ist seit mehr als 15 Jahren auf dem Sektor der Berufsstrategie und Bewerbungsratgeber sowie zu weiteren Themen aus der Arbeitswelt publizistisch tätig und hat im Laufe dieser Zeit mehr als 80 Bücher veröffentlicht. Am Anfang stand die erstmalige Veröffentlichung aller gängigen so genannten Intelligenztests und deren kritische Reflexion in dem Buch *Testtraining für Ausbildungsplatzsucher* (1985).

Von besonderem Interesse für die Leserinnen und Leser dieses Buches ist die Reihe von Büchern zur Potenzialanalyse und zum Marketing in eigener Sache. Ob Themen wie *Die perfekte Bewerbungsmappe* – Bücher im DIN-A-4-Format, die Bewerbungsunterlagen erfolgreicher Kandidaten originalgetreu präsentieren – oder Bücher wie *Networking als Bewerbungs- und Karrierestrategie:* alle behandeln Themen, die Bewerbungsvorhaben innovativ unterstützen und den Leser voranbringen.

Beide Autoren verfügen über eine langjährige Erfahrung als Seminarleiter bei Bewerbungstrainings. Ihr besonderes Interesse gilt der gewerkschaftlichen Bildungsarbeit in Form von Anti-Mobbing- und Konfliktmanagement-Seminaren. 1992 gründeten sie in Berlin das *Büro für Berufsstrategie*, das ausschließlich Arbeitnehmer in allen erdenklichen beruflichen Fragen berät und ihnen hilft. Hier führen die Berater auch Potenzialanalysen mit Kandidaten durch und unterstützen den beruflichen Neuorientierungsprozess.

Wenn Sie selbst persönliche Anregungen wünschen, Rat und Unterstützung brauchen, wenden Sie sich bitte an das Sekretariat des *Büro für Berufsstrategie* in Berlin oder Frankfurt.